Berliner Schriften zur Ideologienkunde
Band 6

Über den Autor

Prof. Dr. Hans-Helmuth Knütter, Jahrgang 1934, lehrte von 1971 bis 1996 Politische Wissenschaften an der Rheinischen Friedrich-Wilhelms-Universität Bonn. Knütter hat zahlreiche Bücher zum politischen Extremismus, insbesondere Linksextremismus, und zum Verfassungsschutz veröffentlicht und zeichnet bis heute für die Internetseite links-enttarnt.net verantwortlich.

Hans-Helmuth Knütter

Die Faschismuskeule.
Herrschaftsinstrument
der Linken

Herausgegeben und mit einem Vorwort
versehen von Erik Lehnert

Institut für Staatspolitik

Berliner Schriften zur Ideologienkunde

»Ideologienkunde« versteht sich als Teil der Geistesgeschichte wie der Politikwissenschaft. Der dabei zugrunde gelegte Begriff von »Ideologie« ist wertfrei verstanden. Vorausgesetzt wird, daß jeder Standort an eine bestimmte Perspektive gebunden ist und Ideologien mehr oder weniger geschlossene Welterklärungskonzepte anbieten. Die neue Reihe soll versuchen, in monographischer Form verschiedene Aspekte dieses großen Themenfeldes zu bearbeiten. Dabei wird es gleichermaßen um das gehen, was aktuelle Fragen berührt, wie um das, was mit grundsätzlichen Zusammenhängen zu tun hat. Die Reihe wird fortgesetzt.

© 2018 Institut für Staatspolitik, Schnellroda
www.staatspolitik.de
Satz und Buchgestaltung: satz@sezession.de

Hans-Helmuth Knütter: Die Faschismuskeule.
Herrschaftsinstrument der Linken.
Band 6 der Reihe Berliner Schriften zur Ideologienkunde.

Institut für Staatspolitik, Schnellroda 2018

ISBN 978-3-939869-66-5

Inhalt

Vorwort von Erik Lehnert 7

1. Grundsätzliches 15
   1.1. Was wir wollen 15
   1.2. Antifaschismus als neues Bewußtsein 22
   1.3. Faschismus und Antifaschismus 27
   1.4. Antifaschismus und Intellektuelle 39

2. Der antifaschistische Staat 54
   2.1. Antifaschismus in SBZ und DDR 54
   2.2. Antifaschistische Kampagnen und ihre Wirkung 68
   2.3. Wirkung der Kampagnen auf das westliche Ausland 80
   2.4. Rechtsextremismus und Deutschenfeindlichkeit in der DDR 89

3. Deutsch-deutsche Dialektik 108
   3.1. Eine gesamtdeutsche Klammer 108
   3.2. Antifaschismus als gemeinsame Basis westdeutscher Linker und der DDR 113
   3.3. Antifaschismus als Basis west-östlicher Kooperation 119
   3.4. Die extreme Linke und die Antifa 130

4. Antifaschismus nach 1989 134
   4.1. Nach dem Ende der DDR 134
   4.2. Deutsche Einheit und Antifaschismus 148
   4.3. Die PDS, die extreme Linke, Autonome
   und Anarchos 154
   4.4. Antifaschistische Gewalt 161

5. Gegenwart und Zukunft 171
   5.1. Geschäftemacherei mit
   dem Antifaschismus 171
   5.2. Zur gegenwärtigen Situation 181
   5.3. Antitotalitarismus –
   Chancen oder Verfall? 188
   5.4. Ein Blick in die Zukunft 198

Kommentierte Bibliographie 203
Anmerkungen 215

Vorwort

Die »Faschismuskeule« hat sich seit dem ersten Erscheinen des Buches vor mehr als zwanzig Jahren als Metapher etabliert. Jeder weiß, was damit gemeint ist, wenn davon die Rede ist, daß die Faschismuskeule geschwungen wird. Jeder weiß, was es bedeutet, wenn einem damit gedroht wird, und jeder weiß, was einem blüht, wenn man von ihr getroffen wird. Technisch gesehen handelt es sich um eine rhetorische Figur des Totschlagarguments. Indem man den Gegner in die Nähe des Faschismus rückt, soll dieser diskreditiert und eine sachliche Diskussion seiner Argumente vermieden werden. Das funktioniert, weil ein gesamtgesellschaftlicher Konsens den Antifaschismus zur Doktrin erhoben hat, ohne zu wissen, daß es sich dabei um einen kommunistischen Kampfbegriff handelt, der sich nicht gegen den »Faschismus« richtet, sondern gegen jede Abweichung vom linken Weg.

Schopenhauer hat diese Art, eine Diskussion für sich zu entscheiden, als einen Kunstgriff beschrieben, bei dem wir eine Behauptung des Gegners »unter eine verhaßte Kategorie bringen, wenn sie auch nur lose durch eine Ähnlichkeit oder sonst lose mit ihr zusammenhängt«.[1] Was bei Schopenhauer noch der Manichäismus oder der Atheismus war, ist heute der Faschismus. Die Faschismuskeule sorgt auf diese Weise für dreierlei: Die Aussage wird als faschistisch stigmatisiert, gilt damit als historisch widerlegt und als moralisch minderwertig.

DIE FASCHISMUSKEULE

Im Internet findet sich der Hinweis auf »Godwins Gesetz«, nach dem sich die Wahrscheinlichkeit eines Vergleichs mit Hitler oder den »Nazis« mit zunehmender Länge einer Online-Diskussion dem Wert Eins annähert, also immer wahrscheinlicher wird. Hintergrund ist, daß jede ernsthafte Diskussion dann zu Ende ist, wenn ein Diskutant den Nazivergleich oder die Faschismuskeule zieht, da man sich dagegen nicht argumentativ zur Wehr setzen kann. Dieses Gesetz stellt den Hintergrund für das »Nazometer« dar, das Harald Schmidt 2007 in seiner Show »Schmidt & Pocher« verwendete, um damit die Absurdität des Faschismusvorwurfes zu zeigen, wenn das Gerät beispielsweise beim Wort »Autobahn« aufleuchtete und Alarm schlug. Schließlich geriet das Nazometer selbst unter Faschismusverdacht und verschwand aus der Sendung.

Diesen Zusammenhang hatte der Philosoph Leo Strauss bereits Anfang der 1950er Jahre bemerkt, als er in seiner bekannten Untersuchung *Naturrecht und Geschichte* vorsichtshalber darauf hinwies, daß eine Ansicht nicht dadurch widerlegt werde, daß »Hitler sie zufällig auch hegte«. Er nannte das in Anlehnung an die »reductio ad adsurdum« die »reductio ad Hitlerum«.[2] Es war also schon damals verbreitet, eine Aussage nicht deshalb für falsch zu halten, weil sie zu falschen Schlüssen führt, sondern weil Hitler sie geteilt hat. Was Strauss nicht ahnen konnte, war, daß diese Art der Gesprächsführung irgendwann zur Normalität werden würde, wie es seit den 1960er Jahren der Fall war und bis heute geblieben ist. Da »Hitler« irgendwann zu plump und die Erfahrungswelt vielgestaltiger wurde, ist es heute die »Political Correctness«, die bzw. deren vorgeblicher Mangel jede Diskussion beenden kann.

Eine Begriffsgeschichte der »Faschismuskeule« gibt es nicht. Allerdings war das totalitäre Potential des Antifaschismus zumindest jenen Zeitgenossen klar, die einmal als »Abweichler« den Zorn der Rechtgläubigen zu spüren bekommen hatten und nicht selten als Faschisten stigmatisiert worden waren. Von dem kommunistischen Renegaten und Romancier Ignazio Silone ist folgendes prophetische Zitat überliefert: »Wenn der Faschismus wiederkehrt, wird er nicht sagen: ›Ich bin der Faschismus.‹ Nein, er wird sagen: ›Ich bin der Antifaschismus.‹«³ Sicher ist, daß die Faschismuskeule seit den 1960er Jahren verstärkt zum Einsatz kam, als der Generationenkonflikt unter dem Vorwand, die Bundesrepublik der Väter stehe dem Dritten Reich als repressiv-faschistischem Staat in nichts nach und müsse von der progressiven Jugend dementsprechend bekämpft werden, pathologische Züge annahm. Die Faschismuskeule wurde mit Vorliebe denjenigen über den Schädel gezogen, die unbewaffnet waren. Was normalerweise zur Disqualifikation des Keulenschwingers führen würde, hatte keine Konsequenzen, weil sein Handeln als legitim galt. Der Vorteil des Faschismusvorwurfs gegenüber vielen anderen lag und liegt nämlich darin, daß nicht nur das Argument des Gegners auf diese Art entwertet wird, sondern auch die Person selbst. Der Sprecher ist zu ächten und soll möglichst den sozialen Tod sterben.

Geprägt wurde der Begriff durch das vorliegende Buch, das 1993 in erster und ein Jahr später in zweiter

Auflage unter dem Titel *Die Faschismuskeule. Das letzte Aufgebot der deutschen Linken* erschien. Damit wurden die hinter der Faschismuskeule liegenden Strukturen und Motive erstmals sichtbar gemacht. Das Erscheinen des Buches fiel in eine kurze Phase, in der es so schien, als ob die linke Hegemonie ernsthaft in Gefahr gebracht werden könnte. Seit 1993 hatte sich mit Rainer Zitelmann beim Ullstein-Verlag, der damals dem konservativen Verleger Herbert Fleissner gehörte, jemand als Lektor und Programmverantwortlicher etablieren können, der in kürzester Zeit ein Programm auf die Beine stellte, das den linken Mainstream vor allem im Sachbuchbereich ins Visier nahm – und erfolgreich war. Unter der Reihen-Bezeichnung »Ullstein-Report« erschienen damals so legendäre Bücher wie die Aufsatzsammlung *Wir 89er* oder Jörg Haiders *Freiheit, die ich meine* und eben die *Faschismuskeule*.

Verfasser des Buches ist Hans-Helmuth Knütter, der damals als Professor für Politikwissenschaft an der Rheinischen Friedrich-Wilhelms-Universität Bonn lehrte. Knütter, Jahrgang 1934, war 1950 aus der DDR geflohen, hatte 1954 sein Abitur abgelegt und anschließend an der Freien Universität Berlin Geschichte, Soziologie und Politische Wissenschaft studiert. Karl Dietrich Bracher war sein akademischer Lehrer, der sowohl seine Promotion (*Das Bild des Nationalsozialismus in der Publizistik der radikalen Rechten nach 1945*, 1960) als auch seine Habilitation (*Die Juden und die deutsche Linke in der Weimarer Republik 1918–1933*, 1970) betreute. Seit 1971 lehrte Knütter in Bonn Politische Wissenschaft, 1996 wurde er emeritiert.

In seiner umfangreichen Publikationsliste bildet die Auseinandersetzung mit dem Extremismus einen Schwerpunkt, der sich auch im politischen Engagement Knütters gegen den Linksextremismus wiederfindet (so u.a. auf der Internetseite links-enttarnt.net).

Die Aufnahme des Buches war seinerzeit, je nach Standpunkt des Rezensenten, unterschiedlich. Es wurde als Entlarvung des »linksextremen Etikettenschwindels« mit dem Begriff Antifaschismus gelobt und als »Eingemeindung rechtsradikaler Argumente in den Kreis demokratischer Positionen« geschmäht.[4] Die Wirkung des Buches läßt sich über die verschiedenen geschichtspolitischen Debatten der letzten zwanzig Jahre verfolgen. Ein Beispiel mag genügen: Martin Walser sprach 1998 von der Moralkeule, als die Auschwitz mißbraucht werde. »Auschwitz eignet sich nicht dafür, Drohroutine zu werden, jederzeit einsetzbares Einschüchterungsmittel oder Moralkeule oder auch nur Pflichtübung.« Diese Form der Faschismuskeule, die Auschwitzkeule, ist die speziell deutsche Variante dieses Instruments. Mit der vorgeblichen Verhinderung eines neuen Auschwitz ließ sich der völkerrechtswidrige Einsatz der Bundeswehr in Jugoslawien ebenso rechtfertigen, wie sich jede Kritik an der deutschen Vergangenheitsbewältigung, die solche Blüten wie das Holocaustmahnmal in Berlin treibt, kriminalisieren läßt.[5]

Der Antifaschismus hat seit 1990, verstärkt aber seit dem Beginn der 2000er Jahre das politische Klima in Deutschland vergiftet. Die CDU hat sich von der antifaschistischen Propaganda vereinnahmen lassen, ohne zu erkennen, daß die Stoßrichtung des Antifaschismus nicht der bedeutungslose Rechtsextremismus ist, sondern sich gegen jede konservative Alternative zum linksliberalen Mainstream richtet. Während es die PDS sehr schnell schaffte, bei Grünen und SPD zumindest auf Länderebene koalitionsfähig zu sein, stellte sich die bürgerliche Mitte von jeher ins Abseits, weil sie sich dem antifaschistischen Diktum unterwarf, daß es rechts von ihr nichts geben dürfe. Wenn es dann doch einmal etwas gab, dann nutze man nicht die sich bietende Machtoption, sondern exekutierte die Befehle des Antifaschismus. Das Resultat ist bekannt: Die CDU ist die größte sozialdemokratische Partei Deutschlands, sie hat sich den »Kampf gegen Rechts« auf die Fahnen geschrieben und ist auf dem linken Auge zunehmend blind geworden. Es ist mittlerweile kein Problem mehr, daß es in einer CDU-geführten Regierung Ministerinnen gibt, die sich in einer Organisation engagieren, die gemeinsam mit Linksextremisten auch gewaltsam gegen die Alternative für Deutschland (AfD) vorgeht.[6]

Knütters prophetische Schrift wies schon 1993 darauf hin, daß sich die Bundesrepublik von ihrer freiheitlichen demokratischen Grundordnung entfernt und diese zügig durch eine antifaschistisch-volksdemokratische Ordnung ersetzt hat. Die Bundesregierung gibt jedes Jahr beträchtliche Summen für Bundesprogramme zur Extremismusprävention aus, was in der Regel nichts anderes als »Kampf gegen Rechts« bedeutet. In der 18. Legislaturperiode würden im Rahmen der Bundesprogramme »Xenos«, »Zusammenhalt durch Teilhabe«, »Toleranz fördern – Kompetenz stärken«, »Initiative Demokratie Stärken« sowie »Demokratie leben« jährlich im Schnitt mehr als 60 Millionen Euro an Haushaltsmitteln dafür aufgewendet.[7] Die Nützlichkeit der Faschismuskeule hat sich auch in den letzten Jahren gezeigt, wenn es darum ging, die AfD als unwählbar für die bürgerliche Mitte darzustellen. Allerdings sind die Keulenschwinger anpassungsfähig und haben dem Faschismus einen zeitgenössischen Namen gegeben: Populismus.[8]

Aber auch wenn das Böse jetzt einen neuen Namen trägt, bleiben die Gründe, warum die Faschismuskeule bis heute ihre Wirkung nicht verfehlt und die Linke ihre Meinungsführerschaft bislang über alle historischen Brüche retten konnte, die altbekannten. Mit den Worten Carl Schmitts: »Was ist also Faschismus? Faschismus ist jeder Versuch, die großen Weltfragen der Gegenwart anders als marxistisch zu beantworten. Diese Sprachregelung ist der eigentliche Sieg Stalins vom Jahre 1945 über alle sonstigen Sieger und Gewinnler dieses Jahres, das eben dadurch und nur dadurch zum Jahr der eigentlichen Entscheidung geworden ist.«[9]

Erik Lehnert
Berlin, im Februar 2018

Editorische Vorbemerkung: Dieser Ausgabe liegt der Text der zweiten Auflage der *Faschismuskeule* von 1994 zugrunde, die Hans-Helmuth Knütter 2010 an einigen Stellen ergänzt und aktualisiert hat. Da der Aufbau des Buches sich sehr am Leser der frühen neunziger Jahre orientierte, haben wir den Text neu gegliedert, gründlich durchgesehen und stellenweise aktualisiert. Die kommentierte Bibliographie ist neu hinzugekommen.

1. Grundsätzliches

1.1. Was wir wollen

Als die *Faschismus-Keule* 1993/94 in erster und zweiter Auflage erschien, führte sie den Untertitel »Das letzte Aufgebot der deutschen Linken«. Das war zutreffend. Die »realsozialistischen« Herrschaftssysteme waren zerfallen, ihre Ideologie blamiert. Der sogenannte Wissenschaftliche Sozialismus überzeugte und motivierte niemanden mehr. Der Antifaschismus blieb als letztes Aufgebot.

Es ist leichter, den eigenen Standort durch ein Feindbild als durch positive Ziele zu definieren. Diese ideologische Verunsicherung ist bereits vor dem Ende des DDR-Sozialismus deutlich geworden, wie ein bemerkenswerter, entlarvender Ausspruch von Prof. Otto Reinhold, Direktor des Instituts für Gesellschaftswissenschaften beim ZK der SED, vom August 1989 belegt: Die DDR gewinne ihre Daseinsberechtigung als antifaschistische und sozialistische Alternative zur kapitalistischen Bundesrepublik. Also: Die Existenz der DDR ist lediglich ideologisch zu rechtfertigen, geschrumpft auf den Antifaschismus, der gleichzeitig Antikapitalismus ist.

Mehr als zwei Jahrzehnte später gilt die Aussage, <u>der Antifaschismus sei das letzte ideologische Aufgebot und das gemeinsame Bindeglied der Linken, unverändert</u>. Allerdings müssen wir feststellen, daß damalige Erwartungen, der demokratische Liberalismus habe gesiegt, und alle Ideologien seien an das Ende ihrer geschichtlichen Bedeutung gekommen,[10] auf einem Irrtum beruhten. Wir erleben eine Epoche geradezu revolutionärer Wandlungen. Antiliberale, freiheitseinschränkende Tendenzen drohen nach wie vor. Der Antifaschismus erweist sich als eine pseudomoralische Waffe, die der Mobilisierung zum Kampf auch gegen konservative, traditional orientierte gesellschaftliche Strukturen und Werte dient.

Politischen Einfluß gewinnt der Antifaschismus durch die Konstruktion eines Feindbildes, das auch die Gewaltanwendung rechtfertigt. Mittels der pseudomoralischen Komponente werden Bündnispartner unter unpolitischen Bürgern, Christen und Liberalen gewonnen, die offenen Antikapitalismus nicht unterstützen würden; pseudomoralisch verpackt (»Nie wieder Krieg und Faschismus! – Gegen Gewalt und Unterdrückung«) aber schon. Insofern ist der Antifaschismus eine Vorstufe zum offenen Bürgerkrieg.

Sollten angesichts der revolutionären Wandlungen in Deutschland oder im sonstigen Europa rechte Parteien stärkeren Einfluß gewinnen, was einige Wahlen als möglich erscheinen lassen, ist bewaffneter Untergrundkampf nach dem Vorbild der Roten Armee Fraktion denkbar. Um dieser Möglichkeit entgegenzutreten, ist Aufklärung angebracht. Auch etablierte Parteien, die SPD, die Grünen, aber auch CDU/CSU und FDP, unterstützen den Antifaschismus im einseitigen »Kampf gegen Rechts«. Den sowohl gegen rechts wie links gerichteten Antitotalitarismus haben sie seit den frühen neunziger Jahren faktisch aufgegeben.

I. GRUNDSÄTZLICHES

Die Wiedervereinigung und den Zusammenbruch des Sozialismus empfanden die Linken (der SPD, der Gewerkschaften, der damaligen PDS, der Medien-Intellektuellen) als Niederlage. Der Glaube, in Übereinstimmung mit den historischen Gesetzmäßigkeiten zu handeln, wurde durch diese Ereignisse erschüttert. Es gab Anzeichen, daß die der CDU/CSU, FDP und SPD nahestehenden Meinungsführer in Wissenschaft und Politik, die über Jahre hinweg den »real existierenden Sozialismus« anerkannt und sich ihm angenähert hatten, nun verstärkt auf Distanz zur extremen Linken gehen würden. Die »Anerkennung der Realitäten« war nun auf einmal nicht mehr zeitgemäß. Die Einheitsfront der »fortschrittlichen« Kräfte, die in den Kampagnen gegen Berufsverbote und Nachrüstung ihre Wirksamkeit so überzeugend bewiesen hatte, schien gefährdet.

In dieser Situation kamen in den 1990er Jahren die Wahlerfolge rechter und rechtsextremer Parteien und die Anschläge gegen Ausländer für Teile der Linken wie gerufen. Man besann sich auf eine alte, aber sehr wirksame Bündnis- und Propagandastrategie, nämlich den »Antifaschismus«. Begünstigt wurde dies durch den Verlust des theoretischen Gehalts des Antifaschismus (Faschismustheorien spielen seit 1989/90 im Linksextremismus überhaupt keine Rolle mehr), der eine Verengung auf Anti-Schlagworte (Antirassismus, Antisexismus, Gegnerschaft gegen Ausländerfeindlichkeit) zur Folge hatte. Die aktionistische Komponente hat im gleichen Maße zugenommen, wie die theoretische an Bedeutung verloren hat. Ungeistigkeit und Aktionismus gehen insofern

Hand in Hand, als Aktionismus Bedenkenlosigkeit voraussetzt. Je primitiver, desto hemmungsloser.

Diese Einschätzung muß zur Folgerung führen, daß ein aktionistisch-anarchistischer Antifaschismus wegen seiner Primitivität doch eigentlich ungefährlich sei. Diese Einschätzung ist richtig, er wird keinen Erfolg haben, wohl aber Wirkung. Seine Bedeutung gewinnt er durch die Werteunsicherheit seiner Gegner, deren Schwäche und Opportunismus dem »Antifaschismus« eine Bedeutung verschaffen, die ihm von der Substanz her nicht zukommt.

Besonders übel ist der Opportunismus der etablierten politischen Kräfte, die behaupten, den Extremismus von links und rechts gleichermaßen zu bekämpfen. Zwar hat der Rechtsextremismus seit 1989/90 an Bedeutung zugenommen, aber nicht, weil er in politischer, organisatorischer und ideologischer Hinsicht stärker geworden wäre, sondern weil der Linksextremismus an Gewicht und Einfluß zunächst verloren hatte. Nach wie vor ist der Rechtsextremismus konzeptionell schwach und gesellschaftlich geächtet, insbesondere in Kreisen der Medien-Intellektuellen, die mit dem Anspruch der Meinungsführerschaft auftreten. Anders verhält es sich mit dem Linksextremismus. Trotz der Pleite von 1989/90 ist er besser organisiert, in meinungsführenden Teilen der Gesellschaft anerkannt, insbesondere dann, wenn er hedonistisch, antistaatlich und vor allem antifaschistisch auftritt, ideologisch durch den Antifaschismus gegen Kritik immunisiert. Das Netzwerk der Sympathisanten reicht bis in die etablierten Parteien und Medien, Schulen und Universitäten hinein.

1.2. Antifaschismus als neues Bewußtsein

Das überlieferte, im 18. und 19. Jahrhundert entstandene Geschichtsbild ist weltweit nationalstaatlich ausgerichtet. Die deutsche Nationalgeschichte ist die der deutschen Einigung im 19. Jahrhundert. Anfang des 20. Jahrhunderts, in der Blütezeit des Nationalismus, war Deutschland eine Weltmacht, die sich in Europa, Afrika und Ostasien (Tsingtau, Marianen-Inseln) engagierte.

Deutschland, ein Staat mit offenen Grenzen, war um 1900 stärker als jeder einzelne seiner Nachbarn, aber schwächer als alle zusammen. Die meisten der Nachbarstaaten haben mit ihrem mächtigen Gegenüber keine guten Erfahrungen gemacht. Deswegen kam es nach den Brüchen von 1918 und 1945 zu Versuchen einer Umorientierung bisheriger geschichtspolitischer Deutungen und Bewertungen. Ein »anderes Deutschland« sollte entstehen: antimilitärisch, demokratisch, gestützt auf andere Vorbilder als die bisherigen nationalkonservativen. Die Propagierung eines neuen Geschichtsbildes, also die Revision des herkömmlichen nationalen und machtstaatlichen, ist seit Jahrzehnten im Gange, wie wir bei Betrachtung des »Irrwegs« gesehen haben. Neben diesen frühen Versuchen wurde 1986 während des »Historikerstreits« ein neuer Anlauf unternommen. Die Furcht linker Intellektueller vor einem rechten »roll back« führte zur Konstruktion eines Geschichtsbildes, das Deutschland in die demokratischen Traditionen Westeuropas einbindet und einen deutschen »Sonderweg« meidet. Ziel dieses neuen Geschichtsbildes ist nicht, wie greinende Konser-

I. GRUNDSÄTZLICHES

Welche Absichten verfolgen wir mit dieser Schrift? Sie soll erstens den »Antifaschismus« durch Aufklärung unwirksam machen und zweitens den moralischen Anspruch des Antifaschismus widerlegen. Eine realistische Betrachtung wird die Verwirklichung des ersten Punktes skeptisch beurteilen. Das Kampf- und Haßbedürfnis, die Neigung, das Selbstbewußtsein durch die Identifizierung eines Feindbildes, des zu bekämpfenden »Bösen«, zu bestimmen, ist im Menschen entwicklungsgeschichtlich angelegt. Diesem Trieb ist mit rationalen Argumenten nicht beizukommen. Allerdings ist es möglich, Emotionen durch die aufklärende Ratio zu kontrollieren und sie einzudämmen. Auch wenn diese Chance im Falle des Antifaschismus gering ist, da von interessierter Seite (den Etablierten mit dem Blick aufs Ausland und den politischen Geschäftemachern) das Gegenteil propagiert wird. Das zweite Ziel, den Antifaschismus als pseudomoralisch zu entlarven und damit unwirksam zu machen, kann eher gelingen. Je nachdrücklicher die Aufklärung über die Pseudomoral ist, desto wirkungsvoller wird sie sein.

Schließlich bleibt die Frage, ob hier nicht einer im Grunde bedeutungslosen Sache zu großes Gewicht beigemessen wird. Eine nüchterne Betrachtung muß zugeben, daß der Antifaschismus – wie andere Feindvorstellungen auch – zwar Wirkungen hat, aber letztlich doch keinen Erfolg. Dennoch: Antifaschismus ist geistiger Bürgerkrieg. Er hat eine national desintegrierende Wirkung, er zerstört das überlieferte Geschichtsverständnis. Die Wirkung ist ganz im Sinne des zitierten Alexander Abusch der Irrweg einer Nation. Der Antifaschismus ist selber ein Irrweg.

tigung verschaffen. Allerdings bleibt außer acht, daß der rechte Totalitarismus eine Zeiterscheinung war, gebunden an eine historische Konstellation, die es heute nicht mehr gibt. Es existiert weder eine geschlossene rechte Ideologie, noch gibt es – wie vor 1933 – die Sehnsucht nach einem Führer. Die angebliche rechte Kriminalität besteht fast ausschließlich aus sogenannten Propagandadelikten. Rechte Gewalttaten bleiben weit hinter linken zurück (RAF-Morde, Bombenterror).[12] Der Antifaschismus kann sich deshalb nicht mit der Berufung auf eine »Gefahr von rechts« legitimieren.

Die Meinung, der Rechtsextremismus sei durch den Zusammenbruch des »Realsozialismus« erstarkt, war immer falsch. Trotz einiger sehr bescheidener Wahlerfolge bei Kommunal- und Landtagswahlen hat sich die extreme Rechte als zerstritten, ideologisch und organisatorisch schwach erwiesen. Rigorose Gegenmaßnahmen der öffentlichen Hand (der kommunalen und staatlichen Behörden), gesellschaftlicher Verbände und der Kirchen sowie der Medien haben seine bescheidenen Möglichkeiten zusätzlich eingeschränkt. Die Sensibilität für die Gefährlichkeit des Linksextremismus wird abgebaut, er wird durch Verschweigen akzeptabel gemacht oder erscheint wenigstens als das kleinere Übel. Der antitotalitäre Grundkonsens zerfällt, und der Linksextremismus kann sich etablieren. Das hat Auswirkungen auf das gesamte politische Klima und führt dazu, daß freiheitliche oder konservative Parteien, die sich rechts der Mitte verorten, von den etablierten Kräften in Politik und Medien wahlweise als »rechtsextremistisch« oder »rechtspopulistisch« diffamiert werden.

I. GRUNDSÄTZLICHES

So gesehen ist der Linksextremismus trotz des schweren Rückschlages, den er 1989/90 erlitten hat, nach wie vor gefährlicher. Selbst von ausgesprochenen Gegnern des Linksextremismus wird dem Antifaschismus nicht selten eine teilweise Berechtigung zugestanden, da sich dieser der Abwehr einer Renaissance eines rechten, rassistischen Totalitarismus verschrieben habe. Sie weigern sich damit, die Konsequenzen aus dem zu ziehen, was der Antifaschismus als sein Ziel ausgegeben hat. Der Kommunist Alexander Abusch forderte das 1946 in seinem Buch *Irrweg einer Nation* in aller Offenheit: Deutschland soll friedlich und bescheiden sein und keine Machtansprüche stellen. Es soll sich moralisch wandeln durch die Abkehr von traditionalen nationalstaatlichen Strukturen und Werten.¹¹ Während liberale Traditionskritiker an dieser Stelle haltmachen, wollen Abusch und seine sozialistische Gefolgschaft den sozialen Wandel. Da sie den »Faschismus« als eine Funktion des Kapitalismus deuten, kann nur eine antikapitalistische, also sozialistische Umgestaltung der Gesellschaft eine dauerhafte Abkehr vom traditionalen machtstaatlichen »Irrweg« garantieren. Also: Antifaschismus heißt Sozialismus. → nach Alexander Abusch

Der Antifaschismus findet hiernach seine Rechtfertigung in der Abwendung von jenen Traditionen, die zum Nationalsozialismus führten. Das soll auch für die Zukunft gewährleistet werden (»Nie wieder ...!«). Immerhin ist jenes System den Deutschen nicht, wie das kommunistische, von außen übergestülpt worden, sondern aus deutschnationalen Traditionen erwachsen. So könnte sich der Antifaschismus den Schein der Berech-

vative und Nationalstaatler meinen, Geschichtslosigkeit oder eventuell gar die Vernichtung Deutschlands, aber die Umwertung bisheriger deutscher historischer Werte. Das geschichtspolitische Ziel ist die Legitimierung der Neuordnung von 1945/49, eines in Europa integrierten Deutschland, friedliebend und den Vormächten, den sogenannten Siegermächten von 1945, in Gehorsam verbunden. Eine bescheidene, mitlaufende Mittelmacht. Wie wahr und richtig diese Deutung ist, wurde 1989/90 offenkundig. Die seit 1945 scheinbar feststehende politische Ordnung von Jalta mit ihren angeblich unverrückbaren Grenzen kam ins Rutschen. Das Unwahrscheinliche geschah: Die Bundesrepublik Deutschland, stärkste Industriemacht Westeuropas, vereinte sich mit der DDR, der vermeintlich stärksten Industriemacht des RGW (Rat für gegenseitige Wirtschaftshilfe des Ostblocks), zu einer Supermacht, die Europa zu beherrschen schien. Die Karikatur in einer britischen Zeitung jener Zeit belegt das: Ein stattlicher Helmut Kohl und eine mickrige Margaret Thatcher befinden sich hinter einem Konferenztisch. Margaret Thatcher sagt: »Setz dich endlich hin, du großer Deutscher, du wirkst so bedrohlich, wenn du stehst!« Ganz erstaunt antwortet Kohl: »Aber ich sitze doch schon.« Das heißt: Deutschland wird wegen seiner Bevölkerungszahl und seiner Wirtschaftskraft als Bedrohung empfunden. Dem sollte geschichtspolitisch entgegengewirkt werden. »Deutschland muß sich selbst entmachten. Nur so wird die Wiedervereinigung für Europa erträglich«, verkündete ein ehemaliger Botschafter, Hans Arnold, am 18. Mai 1990 in der *Zeit*. Es geht dieser geschichtspolitischen Erneuerung um ein neues Verständnis eines gewandelten Deutschland. Sein politisches Verhalten – kontrolliert und mit gebremstem Aktivitätsdrang – soll durch die Färbung des Geschichtsbildes erreicht werden: Zurückhaltung, aus einer Mischung von Schuldbewußtsein wegen des früheren »Irrwegs« und Verantwortungsbewußtsein (Vorsicht vor einem neuen Irrweg), wird erstrebt.

Antifaschismus und die Überwindung des traditionalen nationalstaatlichen Geschichtsbildes hängen eng zusammen. Dies erklärt auch, warum der Antifaschismus zu einer Fundamentalnorm der bundesrepublikanischen Staatsräson werden konnte. So wie es den nichtsozialistischen, moralisch argumentierenden Antifaschismus neben dem sozialistischen gibt, dem es um eine antikapitalistische Umgestaltung der Gesellschaft geht, so sind auch mindestens drei verschiedene Mentalitäten von Anhängern des Antifaschismus zu unterscheiden:

Da gibt es zunächst die ehrlichen, innerlich überzeugten Verfechter eines »anderen Deutschland«. Die hat es schon im Kaiserreich und vor 1933 gegeben. Dieses »andere Deutschland« sollte sich vom obrigkeitsstaatlichen, deutschnationalen, militaristischen, preußisch-konservativen, staatsfrommen Deutschland im linken, liberalen, eventuell sozialistischen und pazifistischen Sinne unterscheiden. Historiker und Publizisten wie Erich Eyck, Theodor Lessing, Ludwig Quidde, Hellmut von Gerlach, Kurt Tucholsky versuchten vor 1933 eine geschichtspolitische Revision mit geringem Erfolg. Es gibt Ehrliche und Aufrichtige, die den Machtstaat ablehnen und aus Überzeugung nach Frieden durch Machtlosigkeit der bisherigen Nationalstaaten streben. Deutschland solle damit anfangen, so ihre Forderung. Dies ist aber nur die eine Seite dieser Erscheinung – man sollte an die scheinbar ehrenwerte Präsentation mit dem ätzenden Analyseinstrument der Ideologiekritik herantreten. Dann wird man mit hoher Wahrscheinlichkeit bei vielen Vertretern dieser Richtung die Macht- und Einflußinteressen, die mittels moralischer Pressionen durchgesetzt werden sollen, hinter der idealistischen Fassade erkennen. Wer selbst moralisch argumentiert, treibt den Kontrahenten in eine förderliche Defensivposition. Dieser muß sich gegen den Verdacht der Unmoral und der unzeitgemäßen Einstellung rechtfertigen. Die Moralisten können dies bewirken, wenn sie sich in Übereinstimmung mit einem modischen Mainstream befinden. Noch weniger positiv sind jene überzeugten Antifaschisten, die, ausgehend von der Richtung Alexander Abuschs, bis in die Gegenwart alles Unglück aus der irrigen machtstaatlichen und kapitalistischen deutschen Tradition kommen sehen. Deswegen wollen sie entweder ein gezähmtes Deutschland – da Kriege angeblich aus Klassenspannungen entstehen, kann nur eine sozialistische Ordnung friedlich sein. Oder Deutschland soll geteilt, wenn nicht gar beseitigt werden (»Polen muß bis zum Rhein reichen«), damit in Europa und auf der Erde endlich Ruhe vor dem kriegerischen Störenfried Deutschland herrsche. Die nationalstaatlichen Gegner dieser Richtung sprechen oft vom »nationalen Selbsthaß«. Das ist aber unzutreffend, weil die so Argumentierenden nicht sich selbst, sondern die »anderen« hassen.

Erheblich unerfreulicher in moralischer Hinsicht sind die Angehörigen dieser zweiten Richtung. Sie passen sich opportunistisch dem Zeitgeist an. Nichts wirkt so legitimierend wie der Erfolg, nichts delegitimiert so wie der Mißerfolg. Der deutsche Nationalstaat hat 1945 einen Zusammenbruch erlebt, der bis an die Möglichkeit einer Auslöschung der nationalen Existenz ging. Als Folge des wirtschaftlichen Aufschwungs nach 1948 entstand eine hedonistische Lebenseinstellung. Rechte und Wohlleben rangierten vor Pflichten und Verzicht. Diese Vorstellungen widersprachen den früheren, die den einzelnen der Gemeinschaft unterordneten: »Du bist nichts, dein Volk ist alles«, »dem Staate dient man, aber man verdient nicht an ihm«, »der Staat ist die Wirklichkeit der sittlichen Idee« (Hegel). Derartige, auf Härte und Opfersinn gerichtete Werte galten jetzt als zu überwindende Überreste der nationalsozialistischen (»faschistischen«) Zeit und verfielen der Ablehnung.

Die dritte Gruppe sind jene Gefühlsantifaschisten, die ihre Neigung zur Aggression durch Identifikation eines Feindbildes zum Ausdruck bringen. Der Antifaschismus bietet sich durch seinen moralischen Anspruch an, verleiht er doch selbst Gewalttaten den Anschein der Berechtigung und ist geeignet, dem Gewalttäter ein gutes Gewissen zu verschaffen – handelt er doch im Interesse der Mehrheit, der Humanität, der »Anständigen« (Gerhard Schröder).

Als Fazit dieses Abschnittes können wir feststellen: Der »Antifaschismus« richtet sich nicht nur auf die »Bewältigung der (nationalsozialistischen) Vergangenheit«, sondern er zielt auch auf eine Ablösung des traditionalen nationalstaatlichen Geschichtsbildes. Damit verbindet der Antifaschismus christliche und liberale Antifaschisten mit Linksextremen, denen es um eine antikapitalistische, also sozialistische Umgestaltung von Staat und Gesellschaft geht. Es gibt eine zumindest partielle Übereinstimmung. Das Feindbild des bedrohlichen »Faschisten« ist beiden gemeinsam. Zusätzlich wird das politische Verhalten in Deutschland durch ausländische Befürchtungen hinsichtlich eines Sonderwege gehenden deutschen Machtstaates bestimmt. Diesen Befürchtungen gilt es durch den »Kampf gegen Rechts« präventiv entgegenzutreten. Der Antifaschismus ist und bleibt eine Grundnorm bundesrepublikanischer Staatsräson.

1.3. Faschismus und Antifaschismus

Antifaschistische Vorstellungen haben sich nach 1945 nicht ohne Rückschläge durchgesetzt. In den Jahren 1945 bis 1948 gab es einen antifaschistischen Grundkonsens. Diese Zeit stand unter dem Eindruck des Zusammenbruchs, der Enthüllung nationalsozialistischer Untaten, der Entnazifizierung und der Kriegsverbrecherprozesse. Mit der Währungsreform und der Kulmination des Kalten Krieges nach der kommunistischen Machtergreifung in der Tschechoslowakei und der Berliner Blockade änderte sich das Meinungsklima. Die Jahre zwischen 1948 und 1951 waren eine Übergangszeit. Die Währungsreform leitete das Wirtschaftswunder ein, der Ost-West-Konflikt verlieh Westdeutschland hohe Bedeutung für die ehemaligen Feindmächte. Zwischen 1951 und 1961 spielten antifaschistische Vorstellungen in der Öffentlichkeit kaum eine Rolle. Der zehnte Jahrestag des Kriegsendes 1955 fand nur wenig Beachtung, was auch für die folgenden »Jubiläen« dieser Art gilt.

Die Jahre zwischen 1955 und 1961 leiteten zu einer neuen antifaschistischen Welle über. Konrad Adenauers Moskau-Besuch (1955) brachte die Freilassung der letzten deutschen Kriegsgefangenen. Gegen einige der Freigelassenen begannen die ersten »NS-Prozesse«, die ab 1957 vor deutschen Gerichten geführt wurden. Das Verfahren gegen Adolf Eichmann in Israel (1961) machte die Weltöffentlichkeit auf die fortdauernde Bewältigung der nationalsozialistischen Vergangenheit aufmerksam. In die Phase der Stagnation, die ab 1961 den Jahren der Stabilität folgte, fallen zunehmende Angriffe gegen frühere NSDAP-Angehörige im öffentlichen Dienst. Die Vergangenheitsbewältigung wurde durch eine Diskussion um die Verjährung nationalsozialistischer Verbrechen forciert. 1965 wurde die Grenze auf das Jahr 1969 festgelegt, da die Zwanzigjahresfrist nicht mit dem Kriegsende, sondern mit der Gründung der Bundesrepublik einsetzen sollte. 1969 schloß sich eine zweite Verjährungsdebatte an, 1979 wurde schließlich die Verjährung für Mord überhaupt aufgehoben. Eine weitere Stärkung erfuhr der Antifaschismus im Zusammenhang mit der sozial-liberalen Koalition und dem Antritt der, wie es nun hieß, »Rechtsregierung« 1982.

Wichtiges zur Begrifflichkeit: Wenige Bezeichnungen haben eine Erklärung nötiger als das (Tot-)Schlagwort »Antifaschismus«, das im tagespolitischen Streit bis zur Beliebigkeit verunklart wird. Die verwandten und doch gegensätzlichen Begriffe »Totalitarismus« und »Faschismus« haben einen Doppelcharakter: Einerseits handelt es sich um Kampfbegriffe, die als Propagandaschlagworte denunziatorisch wirken sollen, andererseits um Begriffe von analytischer Bedeutung, die in den Sozialwissenschaften unverzichtbar geworden sind. Wie verhält es sich in dieser Hinsicht mit dem »Antifaschismus«? Weil es sich hierbei um eine Feindvorstellung handelt, muß zunächst einmal geklärt werden, worauf sie denn eigentlich reagiert, was also unter »Faschismus« zu verstehen ist.

Die Bezeichnung »Faschismus« wurde allgemein bekannt, als die von Benito Mussolini im März 1919 gegründeten »fasci di combattimento« (Kampfbünde) 1922 in Italien die Regierungsgewalt übernahmen. Der Begriff tauchte indes bereits Ende des 19. Jahrhunderts als Bezeichnung für sozialistische Arbeiterorganisationen auf. Auch Mussolini kam aus der sozialistischen Bewegung, mit der er während des Ersten Weltkrieges brach. Seither versteht man unter Faschismus eine antiliberale, antiparlamentarische (also antidemokratische) Bewegung mit nationalistischer, imperialistischer, zum Teil kapitalismuskritischer Tendenz, die straffe Staatsdisziplin fordert. Die Auffassung von der Gleichheit der Menschen wird abgelehnt. Daß der Faschismus als »totalitär« bezeichnet wird, ist in der Selbsteinschätzung der italienischen Faschisten begründet, die ihren Staat als »totalen Staat« beschrieben, der alle Lebensbereiche bis in die Privatsphäre hinein reglementieren und kontrollieren sollte.

Der Faschismus entwickelte sich zur Massenbewegung, die nicht nur in Italien unter dem Anspruch auftrat, die Nation zu einen und die Klassenspaltung zu überwinden. Die faschistische Bewegung integrierte, neben bürgerlichen, auch bäuerliche und proletarische Schichten. Deswegen überrascht es nicht, daß sich gerade Marxisten schon früh mit dem Faschismus beschäftigten, der ihnen massiv Konkurrenz machte und auch durchaus attraktiv für Arbeiter war. Seither gilt die Bezeichnung »Faschismus« zunächst für das italienische System und seine Ideenbestandteile (1922 bis 1943/45), zum anderen auch als Kennzeichnung ähnlicher, jedoch in vielen Einzelheiten andersartiger europäischer Herrschaftssysteme und ihrer ideologischen Grundlagen.

Die Ausweitung als Gattungsbegriff entspricht nicht dem Selbstverständnis der »Faschisten«, sondern einem marxistischen Verständnis. Der Faschismus gilt den Marxisten als Krisenerscheinung von Gesellschaften, in denen es private Verfügungsgewalt über Produktionsmittel gibt. In kritischen Situationen neigten die Eigentümer der Produktionsmittel, die »Kapitalisten«, dazu, sich eine Schutztruppe gegen die sozialistische Bewegung zu halten. Deshalb sei die Gefahr des Faschismus erst gebannt, wenn die private Verfügungsgewalt über Produktionsmittel in einer sozialistischen Gesellschaft aufgehoben werde. Alle Gesellschaftsordnungen, in denen das nicht der Fall ist, seien potentiell faschistisch.

Seit den 1920er Jahren hat der Faschismusbegriff zwei Funktionen: Zum einen handelt es sich um ein tagespolitisches Schlagwort, das häufig der Diffamierung des politischen Gegners dient. Besonders seit dem Ende der faschistischen Systeme hat dieses Schlagwort im Rahmen der »Vergangenheitsbewältigung« als innen- und außenpolitisches Kampf- und Diffamierungsmittel Karriere gemacht. Zum anderen ist der Faschismusbegriff ein Mittel sozialwissenschaftlicher Analyse. Hier bestimmt er eine neue Form ideologisch legitimierter, totaler Herrschaft. In engem Zusammenhang mit den Totalitarismustheorien ist in den zwanziger Jahren eine Fülle von Faschismustheorien entstanden. Diese lassen sich in vier Klassen unterteilen.[13]

Nach der sogenannten Agententheorie ist der Faschismus eine Reaktion der sich bedroht fühlenden herrschenden Schichten. Diese Theorie entstand bereits kurz nach dem Regierungsantritt Mussolinis. Klassisch ist die Definition, die Georgi Dimitroff im Dezember 1933 auf dem XIII. Plenum des Exekutivkomitees der Kommunistischen Internationale gab: »Faschismus ist die offene terroristische Diktatur der reaktionärsten, am meisten chauvinistischen, am meisten imperialistischen Elemente des Finanzkapitals«. Diese undifferenzierte Faschismustheorie berücksichtigte weder nationale Unterschiede, noch unterband sie propagandistische Mißbräuche. Bereits vor Dimitroffs Festlegung wurde von den Kommunisten die »Sozialfaschismustheorie« propagiert. Die wahre Agentur des Kapitals ist hiernach die Sozialdemokratie, der gegenüber die eigentlichen faschistischen Organisationen harmloser seien.

Eine differenziertere Auffassung vertrat der kommunistische Dissident August Thalheimer (1930): Der Faschismus sei nur eine mögliche Form der offenen Diktatur der Bourgeoisie. Der Staat sei nicht bloße Agentur der Bourgeoisie. Der österreichische Sozialdemokrat Otto Bauer erkannte 1936, daß der Faschismus zwar im Sold des Kapitals beginne, sich aber von seinen Auftraggebern emanzipiere und zum Herrn auch über den Kapitalismus werde.

Kritiker wenden gegen einen generalisierenden Faschismusbegriff ein, daß im Italien Mussolinis und im Reich Hitlers kein Primat des Ökonomischen, sondern des Politischen bestand. Der Nationalsozialismus und der Faschismus seien nicht mehr und nicht weniger Ergebnis des Kapitalismus als jede andere moderne Bewegung (Liberalismus, Sozialismus) auch. Außerdem vernachlässige die typologisierende Betrachtung nationale Unterschiede und könne nicht erklären, warum die Krise des Kapitalismus in Deutschland zwar zum Nationalsozialismus, in den USA aber zum »New Deal« Roosevelts geführt habe.

Ernst Nolte versteht den Faschismus als zeitlich begrenzte (1922–1945) Epochenerscheinung, die mit den geistigen und moralischen Traditionen Europas gebrochen habe. Die Krise des liberalen Systems und seine Herausforderung durch den Marxismus seien Grundvoraussetzung für das Entstehen und den zeitweiligen Erfolg des Faschismus. Die Kritik an dieser Auffassung bezweifelt, daß die verschiedenen historischen Erscheinungen des Faschismus überhaupt auf einen generalisierenden Nenner gebracht werden können. Von marxistischer Seite kommt die Kritik, daß der Faschismus nicht als überepochal und damit als nicht mehr virulent betrachtet wird.

Drittens wird der Faschismus von Historikern als eigenständige Erscheinung gedeutet, die in Übergangsgesellschaften eintritt. So hat es im Deutschen Reich des 19. und 20. Jahrhunderts eine Spannung zwischen der Bourgeoisie als ökonomisch und dem Adel und der Bürokratie als politisch herrschenden Schichten gegeben. Seine Stoßkraft habe der Faschismus aufgrund des Widerstands »residualer Eliten« gegen egalisierende Tendenzen der Industriegesellschaft gewonnen.

Eng mit der vorstehenden Richtung verbunden ist viertens die Auffassung des Faschismus als einer Modernisierungsbewegung. Obwohl der Nationalsozialismus wie der Faschismus gegen die Aufklärung kämpften, setzten beide eine Überwindung traditioneller Denkweisen und sozialer Strukturen in Gang. Sie haben also, zumindest objektiv, egalisierend und modernisierend gewirkt.

Die Faschismustheorien bieten ein verwirrendes Bild. Vor allem Marxisten bedienen sich des generalisierenden Faschismusbegriffes in antikapitalistischer Absicht, während nichtmarxistische Faschismustheoretiker historisch-klassifizierend, jedoch ohne gesellschaftsverändernde Tendenz daran festhalten. Kritiker der generalisierenden Verwendung des Faschismusbegriffes wollen die Bezeichnung auf das italienische Beispiel beschränken, da der inflationäre Gebrauch entweder zur Dämonisierung jeder Diktatur oder zur Bagatellisierung von Gewalt und von Vernichtungsregimen führe.

Zwar gibt es zahlreiche Faschismustheorien, jedoch keine Antifaschismustheorie. Deswegen soll hier versucht werden, diese Antibezeichnung positiv zu umschreiben. Sie gewinnt propagandistische Schlagkraft und integrative Wirkung gerade durch die Negation. Die Antifaschisten wissen, was sie nicht wollen, was sie ablehnen, bekämpfen, was sie als das absolut Böse betrachten, gegen das alle Kräfte mobilisiert werden müssen. Nahezu jedes Mittel ist gerechtfertigt, wenn der Feind absolut verwerflich ist. Das gilt auch dann, wenn man berücksichtigt, daß es Antifaschisten gibt, die Gewalt ablehnen.

Wenn ich behaupte, beim Antifaschismus handele es sich um eine Fundamentalnorm,[14] muß nach seinem konstruktiven Gehalt gefragt werden. Hinsichtlich der Rechtfertigung einer sozialistisch-kommunistischen Gesellschaftsordnung durch »Antifaschismus« ist seit 1989/90 ein Wandel zu beobachten. Den desorientierten Mitgliedern und Anhängern sozialistischer Parteien und nahestehenden Intellektuellen geht es darum, früheres Verhalten zu rechtfertigen und nach dem Zusammenbruch des Kommunismus von ihrer Ideologie zu retten, was zu retten ist. Dafür wird der moralische Gehalt des Antifaschismus genutzt. Gerade wegen des manipulativen Gebrauchs des Antifaschismusbegriffes bedurfte es schon öfter neuer Definitionen.[15] Der Versuch, diese Antivorstellung positiv zu fassen, führt zu folgenden 13 Merkmalen, Eigenschaften und Verhaltensweisen:

1. GRUNDSÄTZLICHES

Der Anhänger des »Antifaschismus« betrachtet sich als

- humanitär,
- liberal,
- demokratisch (im weitesten Sinne des Begriffs),
- aufklärerisch,
- rational,
- revolutionär (nach dem Geist der Französischen Revolution von 1789),
- radikal (das heißt aufklärerisch, nicht etwa subversiv),
- individualistisch,
- den Menschenrechten verpflichtet,
- der Freiheit der Person verschrieben,
- den Idealen der Gleichheit und Gleichberechtigung verbunden,
- Gegner des Antikommunismus (da dieser konstitutives Merkmal des »Faschismus« sei)
- und friedliebend (wobei der »Antifaschist« annimmt, daß Frieden nur im Sozialismus möglich sei, weil die Kriege aus Klassenspannungen entstünden).

Bis zum Herbst 1989 war die Sympathie für die »Errungenschaften des Sozialismus«, die verteidigt werden sollten, eine Grundlage des Antifaschismus. Der Kommunismus sowjetischer Prägung wurde als unerläßliche Stütze des Antifaschismus eingeschätzt. Seither hat sich die Sympathie der Antifaschisten einem idealen Sozialismus zugewendet, der sich vom sogenannten Stalinismus absetzt. Ein Argument gegen den Stalinismus ist, daß dieser den Antifaschismus durch den Hitler-Stalin-Pakt, aber auch durch die Anwendung harter Repressionsstrategien verraten habe. Auf jeden Fall gehört zum unscharfen neuen, idealen Sozialismus eine antikapitalistische Grundeinstellung. Der Antifaschismus ist eine Integrationsideologie, auf deren Basis sich sehr gegensätzliche politische Kräfte treffen können, und zwar um so leichter, je diffuser, verwaschener, undogmatischer die Vorstellungen von dem sind, was als »antifaschistisch« gilt. Sozialisten und Nichtsozialisten, Atheisten und Christen, Bürgerliche verschiedener Richtung und Kommunisten, uneinig über grundsätzliche politische Fragen, sehen im »Faschismus« ein Feindbild, dessen Bedrohlichkeit die Notwendigkeit des Zusammenhaltens suggeriert und jede Abweichung als Begünstigung des absolut Bösen moralisch ins Zwielicht rückt. Die moralische Komponente des Antifaschismus fungiert seit 1989/90 als Vorwand zur Rettung des diskreditierten Sozialismus.

Da die Annäherung an den Sozialismus konstitutives Merkmal des Antifaschismus ist, wird jeder Gegner des Totalitarismus den einseitigen Antifaschismus ablehnen. Der Antitotalitarismus schließt eine antifaschistische Haltung ein, fordert darüber hinaus aber den Pluralismus der Weltanschauungen und Ideen, will den freien Zugang zu allen Informationen gewährleisten und das Mehrparteiensystem erhalten (Möglichkeit des freien Wechsels zwischen Regierung und Opposition).

Der Streit um Faschismus und Antifaschismus ist Ausdruck der in Deutschland verbreiteten Neigung, Politik als Kampf unterschiedlicher Weltanschauungen zu betreiben. Der Totalitarismusbegriff ist vom Standpunkt

I. GRUNDSÄTZLICHES

einer freiheitlichen Demokratie geeignet, den Weltanschauungskampf in der Politik zu überwinden, soweit er mehr ist als ein bloßer Kampfbegriff des Kalten Krieges. Der Totalitarismusbegriff ist der Aufklärung, also der Rationalität verpflichtet. Sein Gesellschaftsbild ist das der »offenen Gesellschaft«, seine geistige Grundlage die des Kritischen Rationalismus. Eine Ursache für die Wirkkraft des Antifaschismus im Nachkriegsdeutschland liegt auch in der Enttäuschung über die gescheiterten Utopien von 1945. Die Mentalität und die Einstellung der Intellektuellen etwa, die sich in der Gruppe 47 zusammenschlossen, werden von ihrem Wortführer Hans Werner Richter so geschildert: »Oh, dieses Deutschland, wo die edlen Absichten keine Grenzen kennen, wo immer wieder, Regenbögen vergleichbar, die herrlichsten Visionen verheißungsvoll aufscheinen, ehe sie von den grauen Wolken der Realität verdeckt werden. Wir Deutschen: Ein Volk hochherziger Aufbrüche – in die Weiten des Nichts. Natürlich wurde nicht alles anders. Die traumhaft-schöne umfassende Erneuerung blieb aus. Entsprechend übertrieben sah man sich statt dessen in Düsteres versetzt. Man war mit einer hassenswerten Restauration konfrontiert, ja sah sich einem neuen Faschismus gegenüber. Widerstand war erforderlich (blieb für viele bis heute)«.[16]

Antifaschismus heißt in einem solchen Zusammenhang: Man fühlt sich in der neuen Ordnung frustriert, da nebulös etwas anderes, Schöneres erwartet wurde. Weil keine Änderung eingetreten ist, sieht man die Kontinuität zum Früheren, zur verfemten Bürgerlichkeit des

Kaiserreiches und der Weimarer Republik, zum nationalsozialistischen System, zu Kapitalismus, Imperialismus, Krieg, Militär – alles wird zum Gegenbild, zum Objekt des Mißbehagens. Das Unbehagen wird artikuliert und in ein Schlagwort gepackt, und das Schlagwort heißt »Antifaschismus«. Für die politische Offensive ist der Antifaschismus wie alle Antihaltungen besonders gut geeignet, da bloßes Dagegensein einfach ist. Voraussetzung: die schlagworthafte Verkürzung. Alles Konstruktive muß abgewogen und im Detail begründet sein. Detailgenauigkeit führt aber zu differenziertem, abwägendem Argumentieren.

Das Antifaschismusbild hat, wenn wir unsere Betrachtung auf das westliche Nachkriegsdeutschland beschränken, seit 1945 nicht nur geschichtliche Wandlungen durchgemacht. Auch in systematischer Hinsicht haben wir es mit zwei nur teilweise übereinstimmenden Auffassungen zu tun. Es gibt zum einen das mehrdimensionale Antifaschismusverständnis des Sozialismus. Mehrdimensional deswegen, weil es sowohl eine moralische Komponente besitzt als auch eine sozioökonomische. Dieses Antifaschismusverständnis ist insofern radikal, als es den »Faschismus« nicht nur aus moralischen Gründen ablehnt, sondern auch seine sozioökonomischen Wurzeln beseitigen will. Als unerläßliche Voraussetzung gilt die Aufhebung der privaten Verfügungsgewalt über Produktionsmittel. Nur auf diese Weise könne verhindert werden, daß diejenigen, die diese Verfügungsgewalt haben – die »Kapitalisten« –, sich der »Faschisten« als Prätorianergarde bedienen, um in politischen und ökonomischen Krisensituationen die Bedrohung, die von den Sozialisten oder den »Massen« ausgeht, mit brachialer Gewalt zu bekämpfen. Das politische Ziel der Anhänger dieses Antifaschismusverständnisses ist eine sozialistische Gesellschaftsordnung.

Auf der anderen Seite gibt es ein bürgerlich-liberales und christliches Antifaschismusverständnis, das eindimensional ist, weil es nur die moralische Komponente umfaßt, die sozioökonomische Analyse hingegen vernachlässigt. Es erfolgt allenfalls eine zeitgeschichtliche Aufarbeitung des Faschismus und des Nationalsozialismus, jedoch werden damit keine radikalen, gesellschaftsverändernden Ziele verbunden. Diese Auffassung wird von ethischen Rigoristen vor allem aus dem religiösen Bereich vertreten, aber auch von den nichtsozialistischen Eliten, die Angriffe von sozialistischer Seite abwehren wollen.

1.4. Antifaschismus und Intellektuelle

Der Antifaschismus war und ist vor allem eine Ideologie von Intellektuellen. In der Auseinandersetzung um Christa Wolfs Buch *Was bleibt* hat Ulrich Greiner in der *Zeit* die Haltung der Intellektuellen zu Sozialismus und Antifaschismus auf den Punkt gebracht: »Wir haben die DDR nie so gesehen, wie sie wirklich war, sondern immer nur in den instrumentellen Zusammenhängen der alten Paradigmen Faschismus contra Antifaschismus, Kommunismus contra Antikommunismus.«[17]

Politische Ideen werden von sozialen Gruppen gestützt – der Liberalismus vom Bürgertum, der traditionelle Konservativismus von besitzenden, ökonomisch und politisch herrschenden Schichten, der Sozialismus von der Arbeiterbewegung. Der Antifaschismus ist eine Schöpfung von Intellektuellen, die besonders auch bei Halbgebildeten und stark emotional gesteuerten sowie psychisch labilen Menschen auf positive Resonanz stößt. Dies gewinnt politische Bedeutung, weil zwischen Politik und Kultur, Macht und Geist in Deutschland von jeher ein Widerspruch besteht. Im »Antifaschismus« bündeln sich Rationalismus und Emotionalität, Herrschafts- und Kapitalismuskritik und hohe moralische Ansprüche, so daß mit seiner Hilfe intellektuelle Minderheiten einen sonst kaum erreichbaren Einfluß erlangen konnten.

Wenn hier von »Intellektuellen« die Rede ist, so sind Menschen gemeint, »die die Macht des gesprochenen und geschriebenen Wortes handhaben« (Arnold Gehlen). Zu ihnen zählen hauptsächlich Geistes- und Sozialwissenschaftler, Publizisten und Künstler, nicht jedoch Angehörige der verwaltungstechnischen, juristischen, naturwissenschaftlichen und technischen Intelligenz.[18] Während die naturwissenschaftliche, technische und juristische Intelligenz in dem Sinne zum »Establishment« gehört, daß sie politische und gesellschaftliche Funktionen ausübt und ihre Interessen eine systemkonforme Haltung veranlassen, sind die Intellektuellen im Sinne Gehlens »freischwebend«. Sie neigen dazu, aus einer Position der Machtferne politische und soziale Zusammenhänge zu analysieren und zu kritisieren. Diese

Intellektuellen stammen größtenteils aus dem Bildungsbürgertum und haben in der Regel keine oder nur eine lockere Bindung zu staatlichen und gesellschaftlichen Institutionen. Sofern das – wie bei Angehörigen der Lehrberufe – doch der Fall ist, kann man von einem Strukturwandel der Intellektuellen sprechen, da in früheren Jahrzehnten auch dieser Personenkreis zur staatstragenden Intelligenz gehörte.

Kennzeichnend für sehr viele Angehörige des Bildungsbürgertums ist eine starke Antipathie gegen den »Bourgeois«, der als ungeistig, profitorientiert, materialistisch, eigensüchtig und oberflächlich wahrgenommen wird. Mit der Kritik an Gesellschaft und Herrschaft verknüpft sich die humanistisch inspirierte Idee einer besseren Welt. Viele Intellektuelle orientieren sich an einer aktivistischen, antimilitaristischen, pazifistischen und »rational« verstandenen Utopie, am Ziel einer friedlicheren, menschlicheren, gerechteren Welt, die noch zu verwirklichen ist und im Sozialismus erhofft wurde und wird.

Im Gegensatz zur organisierten Linken, zu den Organisationen der Arbeiterbewegung, herrscht bei progressiven Intellektuellen ein gewisses elitäres Selbstverständnis, ein Bewußtsein, Kenntnis vom rechten Wege zum Heil zu haben, die der dumpfen und verblendeten Masse mitgeteilt werden müsse. Aufklärerischer Tradition entstammend und der Forderung nach künstlerischer, literarischer und wissenschaftlicher Freiheit verpflichtet, erscheint diesen Intellektuellen leicht jede Bindung als Zwang, jede Regel als Bevormundung, jedes Gesetz als Knechtung. Dieses Freiheitsstreben schließt die

Verneinung von »harten« Werten wie Askese, Pflichtbewußtsein, Disziplin, Uniformiertheit, Gehorsam, Zucht, Ordnung ein. Es handelt sich hier um genau jene Werte, die den Befürwortern des starken Staates, der schließlich im Dritten Reich kulminierte, viel galten. In der Ablehnung dieser harten, asketischen Werte erkennt man eine hedonistische Orientierung. Das Gegenbild aber ist der »Faschismus«, der nach dem Grundsatz »Du bist nichts, dein Volk ist alles« Hingabe, Opfermut bis hin zur Opferung des Lebens und der eigenständigen Persönlichkeit verlangte. Die Frontstellung der Intellektuellen zum »Faschismus«, ihre prinzipielle »antifaschistische« Grundhaltung, ist so verständlich.

Die durch Hedonismus und Herrschaftskritik gegebene Affinität der Intellektuellen zum »Antifaschismus« wird in Deutschland besonders durch die nationalsozialistische Vergangenheit vertieft. Sie hat in der Geisteshaltung der Deutschen einen Bruch bewirkt. Das Grundgefühl der Fehlanpassung in der bestehenden Gesellschaft führte bei vielen Intellektuellen zu einer Wahrnehmung von Kontinuitäten zur abgelehnten, aber angeblich nicht überwundenen nationalsozialistischen Zeit. Nach der Wende von 1945 wurde die politische Ordnung als »restaurativ« kritisiert, weil die angeblichen »Wurzeln des Faschismus« nach 1945 nicht überwunden, sondern restauriert worden seien.

Die Gegnerschaft gegen den »Faschismus«, sei sie nun intellektuell, moralisch oder politisch motiviert, bewirkt eine hohe Mobilisierungs- und Integrationsbereitschaft. Was veranlaßt die »Antifaschisten«, sich zu engagieren, Aktionen einzuleiten, auch Opfer zu bringen? In der sozialpsychologischen Deutung gehört zu der brüderlich-familiären Gesinnungsgeborgenheit die Bestimmung des Fremden, des Feindes, als des konstituierenden Außen, von dem aus die Glaubensgemeinschaft als das »große Wir« sich überhaupt erst verstehen und die seelisch-geistige Sicherheitswirkung entfalten kann. Die Bestimmung des Feindes personifiziert Ursachen für ein mögliches Scheitern und stellt damit Ziele für eine Aggressionsabfuhr bereit.[19]

Die Kritische Theorie, vertreten durch Max Horkheimer, Theodor W. Adorno und Erich Fromm, hat die Struktur einer autoritären, faschistischen Persönlichkeit entworfen. Diese Persönlichkeit ist bestimmt durch eine bedingungslose Anerkennung alles Mächtigen und verachtet das Schwache. Hinzu kommen unkritische Unterwürfigkeit, stereotype Verhaltens- und Denkweisen, eine Wertschätzung von konventionellen Werten wie Erfolg, Fleiß und Tüchtigkeit, sexuelle Verdrängungen, Aggressivität gegenüber Minderheiten und eine innere Abwehr von allem, was »Sicherheit« gefährden könnte.

Erich Fromm hat in seiner 1941 in den USA und 1966 in deutscher Übersetzung veröffentlichten Studie *Die Furcht vor der Freiheit* die psychische Situation des Menschen in der modernen Industriegesellschaft analysiert. Sie gibt dem Individuum das Gefühl der Bedeutungs- und Hilflosigkeit, der Isolation und der Ohnmacht angesichts eines übermächtigen und unpersönlichen Systems. Um diesem Gefühl der Vereinsamung und Unsicherheit zu entgehen, bedient sich das Individuum psychischer Fluchtmechanismen, der masochistischen Neigung zur Unterwerfung und der sadistischen Neigung nach Beherrschung anderer. In Fromms Erklärungsansatz ist der »Faschismus« das System, das die psychischen Bedürfnisse des sadomasochistischen Charakters befriedigen kann. Faschismus biete die Möglichkeit, andere zu beherrschen und sich gleichzeitig einer Autorität zu unterwerfen.

Wilhelm Reich führt in seiner *Massenpsychologie des Faschismus* den Faschismus auf die in der autoritären Familie unterdrückte Sexualität zurück. Diese Hemmung führe zu einer allgemeinen Denk- und Kritikunfähigkeit. Jede selbständige und freiheitliche Regung des Kindes werde mit Angst besetzt. Damit lege die autoritäre Familie das Fundament für den autoritätsgläubigen Erwachsenen, den duldsamen Untertanen. Als negative Konsequenz entstehe daraus die Unfähigkeit, das Leben bewußt einzuschätzen und zu gestalten. Die Suche nach Ersatzbefriedigungen lenke den sexuellen Trieb auf andere Ziele wie zum Beispiel den Militarismus um. Reich wendet dieses Modell auf den deutschen Kleinbürger an, eine Schicht, die die Hauptanhängerschaft des Nationalsozialismus gebildet habe. Die repressive, patriarchalische Sexualmoral führe zur Orientierung an stabilisierenden »Sekundärtugenden« wie Ehre, Pflicht, Tapferkeit und Selbstbeherrschung.

Die zitierten Kritiker sehen im freien, demokratischen, revolutionären Charakter das Gegenbild zur autoritären Persönlichkeit. Der kritische Denker will durch menschliches Eingreifen verändern und aus eigener Kraft handeln und gestalten. Er glaubt zu wissen, daß Krieg, Leiden, Herrschaft, Ausbeutung beendet werden können. Den Sieg der Freiheit hält er aber nur für möglich, wenn in einer freien klassenlosen Gesellschaft die Herrschaft von Menschen über Menschen aufgehoben ist, so daß das Individuum keiner Macht untergeordnet ist, weder staatlicher noch ökonomischer Kontrolle. Es versteht sich, daß die »libertären« sozialpsychologischen Deutungen bei gesellschaftskritischen Intellektuellen starken Widerhall finden. Den westlichen Demokratien, insbesondere der deutschen, werfen sie vor, die nationalsozialistische Vergangenheit weder politisch-moralisch noch strukturell aufgearbeitet, sondern im Gegenteil eine restaurative Ordnung geschaffen zu haben.

Das Gefühl der Fehlanpassung und der Frustration in der anonymen Leistungsgesellschaft verursachte in den späten sechziger Jahren ein geistig-politisches Klima, in dem diese zum Teil bereits in den zwanziger Jahren entwickelten sozialpsychologischen Theorien starken Anklang fanden. Hedonismus wie Antifaschismus sind individualistisch. Für die 68er-Generation hielt der »Antifaschismus« mit seiner hedonistischen Lebensauffassung eine ansprechende Ideologie bereit, weil die von der Wohlstandsgesellschaft vernachlässigten ideellen Bedürfnisse befriedigt wurden. Der »Antifaschismus« bot den Intellektuellen Gesinnungsgeborgenheit, ohne Verzicht zu fordern. Hinzu kam der hohe moralische Wert des »Antifaschismus«, der sich positiv in Vorstellungen von Menschenrechten, Demokratie oder Freiheitsliebe äußerte. Infolge der Unbestimmtheit des Begriffs, verbunden mit der hohen moralischen Wertung, ist der »Antifaschismus« als Integrationsideologie besonders geeignet.

In der Verknüpfung von moralischem Anspruch und Integrationswert liegt auch die politische Funktion des »Antifaschismus«: Er läßt sich hervorragend instrumentalisieren. Jeder Angriff auf den »Antifaschismus« gerät leicht in den Verdacht, insgeheim mit dem »Faschismus« zu sympathisieren. Auch der antibürgerliche Affekt der Intellektuellen kann befriedigt werden, da die Eigenschaften der »autoritären Persönlichkeit« als bürgerlich bzw. kleinbürgerlich empfunden werden.

Der Hedonismus ist zweifelsohne eine wichtige Grundlage des »Antifaschismus«. Hier gibt es einen wichtigen Unterschied zwischen kommunistischen und jenen linksbürgerlichen Intellektuellen, die Anhänger der dargestellten sozialpsychologischen Deutungen waren und sind. Während die Kommunisten einer harten, asketischen Moral verpflichtet waren, spielten hedonistische Werte bei linksliberaler und linksbürgerlicher Intelligenz vor 1933 und nach 1945 eine wichtige Rolle. Selbstverwirklichung, die Betonung des »Rechts über sich selbst« (so der Titel der Dissertation von Kurt Hiller 1908), sexuelle Freiheit, Lockerung familiärer Bindungen waren wichtige Themen linksliberaler Zeitschriften wie der *Weltbühne* und der Publikationen der Neuen Linken nach 1968. Das Individuum sollte aus allen nur denkbaren Zwängen befreit werden. Der »orthodoxe« Marxismus hingegen verlangte Disziplin und versprach die Befreiung erst in der zukünftigen klassenlosen Gesellschaft. Im »Antifaschismus« aber trafen sich beide linken Richtungen; der gemeinsame faschistische Feind lenkte von den Unterschieden zwischen den zerstrittenen Brüdern ab.[20]

In allen Industrienationen setzte sich nach 1945 eine hedonistische Grundströmung durch, so daß die Vorstellungen linker Intellektueller und die der Mehrheit der Bevölkerung sich einander annähern konnten. Die fünfziger Jahre waren durch die Konzentration auf den Wiederaufbau und die Sicherung privater Existenz gekennzeichnet, begleitet von einer politischen Haltung, die in dem Schlagwort »Keine Experimente!« treffend ausgedrückt wurde. »Ohne mich«-Haltung, Skeptizismus, Pragmatismus und Distanz zu allen überpersönlichen Werten und Verpflichtungen folgten aus der Überbeanspruchung von Opfermut und Hingabebereitschaft in der Zeit vor 1945. Die materialistische Grundhaltung der Kriegs- und Nachkriegsgeneration ist sozialpsychologisch erklärbar: Die Opfer und die Leiden der Kriegs- und Nachkriegszeit verstärkten den Wunsch nach Wohlstand, materieller Sicherheit und Entspannung. Die Sehnsucht nach Glück, nach einer ungestörten Privatsphäre, und das Bedürfnis, endlich einmal die Früchte der Arbeit genießen zu können und keine Opfer bringen zu müssen, prägten die Mentalität der Menschen in allen Industrieländern nach 1945.

In Deutschland trugen die Erfahrung des Nationalsozialismus mit Krieg, Vertreibung, Hunger und die Anspannung des Wiederaufbaus zur Durchsetzung einer materialistischen, konsum- und genußfreudigen Lebenshaltung bei. Für Deutschland stellt diese Entwicklung einen Bruch mit den Traditionen und Werten des politisch-gesellschaftlichen Denkens seit dem Ende des 18. Jahrhunderts dar. Sowohl die Pflichtethik Kants als auch die Philosophie Hegels sprachen sich gegen die »Glückseligkeit« des einzelnen aus. »Kants Absage an den Eudämonismus ist von größter Bedeutung für das deutsche Staatsdenken und auch für die gesamte deutsche politische Entwicklung geworden. In den herrschenden Anschauungen des deutschen Beamtentums und überhaupt des rechtsstaatlich gesinnten Liberalismus fand das Glück des Bürgers keinen oder nur einen untergeordneten Platz [...]. Ein entscheidender Bruch zwischen dem deutschen sozialen und politischen Denken und dem Westeuropas war damit vollzogen.«[21]

Sowohl im deutschen Liberalismus wie auch im Konservativismus wurden in erster Linie überpersönliche Werte wie Rechtsschutz, geistige Freiheit, die Ehre des Staates, das historische Recht, das Ansehen der Nation, die Stellung der Krone kultiviert, aber nicht das individuelle Glück. Das auf Selbstverwirklichung und individuelles Glück gerichtete Denken linksliberaler und linksbürgerlicher Intellektueller steht in scharfem Gegensatz zu diesen Traditionen, die in die Nähe jener Werte gerückt wurden, die das Entstehen des Nationalsozialismus begünstigten: die harten, asketischen, auf Opfer und Verzicht gerichteten Vorstellungen, die nach dem Zusammenbruch des »Dritten Reiches« in den Augen vieler Deutscher diskreditiert waren.

Der Hedonismus verbindet schließlich den Antifaschismus der Intellektuellen mit der Haltung großer Teile

I. GRUNDSÄTZLICHES

der Bevölkerung. Auf diese Weise bekam, begünstigt durch die historischen Erfahrungen der jüngsten Vergangenheit, antifaschistisches Gedankengut seine große Chance. Die hedonistische Grundhaltung gab dem Antifaschismus Schubkraft. Die Intellektuellen waren die Stichwortgeber dieser Entwicklung.

Das Unbehagen an der bestehenden gesellschaftlich-politischen Ordnung lenkte den Blick auf die bessere Alternative: den Sozialismus, eine auf Gleichheit beruhende Ordnung in einer gerechten, nicht auf Eigensucht beruhenden friedlichen Welt. Da die Generation der Weimarer Republik dem Nationalsozialismus zur Machtergreifung verholfen und das »Dritte Reich« getragen hatte, wollte man nach 1945 alles vermeiden, was einen neuen »Faschismus« begünstigte. An dieser Gesellschaftstheorie beeindruckte nicht nur die Konsequenz, mit der moralisch dem »Faschismus« entgegengetreten wurde, sondern auch die Aussicht, daß mit der Beseitigung seiner sozioökonomischen und soziostrukturellen Entstehungsbedingungen die Gefahr einer »faschistischen« Machtergreifung ein für allemal gebannt sei.

Ein wesentliches Bindeglied zwischen Sozialismus und Antifaschismus ist zweifellos die antibürgerliche Haltung der Intellektuellen. Der Bourgeois als Eigentümer von Produktionsmitteln und damit Inhaber sozialer und politischer Macht wird als potentieller Träger des »Faschismus« gesehen. »Bürgerlich« bedeutet in der Sicht dieser Intellektuellen die Bereitschaft zur politischen Öffnung nach rechts, bedeutet Traditionalismus, Ungeistigkeit und Egoismus. Der Dadaist Richard Huelsenbeck drückte die intellektuelle Abneigung gegen den Bürger so aus: »Alles soll leben – aber eins muß aufhören – der Bürger«.²²

Ein gutes Beispiel für die Verbindung von Sozialismus und Antifaschismus im Denken progressiver Intellektueller finden wir in der 1959 gegründeten, von Wolfgang Fritz Haug herausgegebenen Zeitschrift *Das Argument*, die sich in zahlreichen Schwerpunktheften mit dem Thema Faschismus beschäftigt hat. Seit 1961 folgt die Zeitschrift dieser Maxime: »*Das Argument* geht davon aus, daß es die gemeinsame Aufgabe der Intellektuellen ist, die Wahrheit zu suchen und auszusprechen«. Die Zeitschrift setzte sich folgende Ziele:

1. Eine kritische Sichtung und Analyse der bereits bestehenden Theorien über Nationalsozialismus und Faschismus, vor allem der »bürgerlichen«, jedoch auch der marxistischen, soziologischen und psychologischen Theorien, sowie – aus den Erkenntnissen dieser Kritik erwachsen – Versuch und Anspruch, schrittweise eine »argumenteigene« Faschismustheorie aufzustellen.
2. Die Untersuchung der Beziehungen zwischen Kapitalismus und Faschismus, die sich vor allem auf die Rolle der Großindustrie im faschistischen System, auf das Aufdecken von Interessengleichheiten und -divergenzen konzentriert, verbunden mit der Frage nach den »tatsächlichen« Machtverhältnissen.
3. Die Analyse der bürgerlichen Gesellschaft, des bürgerlichen Demokratiebegriffs und ihrer Theoretiker

als Ursprung und Nährboden des Faschismus, das Erkennen, Aufdecken und Bekämpfen faschistischer und neofaschistischer Tendenzen in der spätkapitalistischen bürgerlichen Gesellschaft.

Während es erst nach 1989 in linken Kreisen üblich geworden ist, den vormals idealisierten Antifaschismus der DDR zu kritisieren, hat das *Argument* die Faschismustheorie der DDR bereits 1965 sehr differenziert betrachtet. Sie wurde positiv bewertet, weil sie die Verdrängungen der bürgerlichen Theorien nicht mitmache. Das starre Festhalten am linearen Geschichtsverständnis, an der formalen Kapitalismus- und Klassenkampftheorie jedoch wurde vom *Argument* kritisiert, weil die marxistische Faschismustheorie dadurch fast zum östlichen Gegenstück der westlichen Totalitarismustheorie werde. Allerdings könne eine marxistische Theorie, selbstkritisch gehandhabt, wesentlich mehr leisten, da sie die besseren Kriterien habe.[23] Neben linkskommunistischen Faschismustheoretikern wie August Thalheimer wurde auch Wilhelm Reichs Theorie von der Massenpsychologie des Faschismus wegen ihres antibürgerlichen Gehalts positiv gewertet. Sehr deutlich kam im *Argument* die Auffassung zum Ausdruck, daß der »Faschismus« eine Funktion der liberal-demokratischen kapitalistischen Gesellschaft sei. Solange es private Verfügungsgewalt über Produktionsmittel gebe, bestehe die Gefahr, daß in Krisenzeiten die Bourgeoisie sich des Faschismus bediene, um die bedrohten Interessen gegen die Arbeiterbewegung zu verteidigen.

Folgerichtig wandte sich das *Argument* 1965 gegen das von Ludwig Erhard entworfene Konzept der »formierten Gesellschaft«, einer »Gemeinschaftsideologie«, die in vieler Hinsicht mit »faschistischer Ideologie« übereinstimme. Beide propagierten die Harmonie von Kapital und Arbeit und versprächen eine neue Gesellschaftsordnung, die jedoch nichts anderes als die kapitalistische Gesellschaft in anderem Gewand sei.[24] Der Umschwung zum »echten«, ungetarnten »Faschismus« stehe nahe bevor: »Wenn die kapitalistischen Besitz- und Verfügungsverhältnisse formaldemokratisch nicht mehr zu sichern sind oder wenn es dem formaldemokratischen System nicht mehr möglich ist, die sozialen und politischen Bedingungen den Erfordernissen des kapitalistischen Verwertungsprozesses anzupassen, dann besteht ein systemimmanenter Faschismusbedarf. Sei es allein mit Hilfe von Armee und Polizei, sei es mit Hilfe einer paramilitärisch organisierten Massenbewegung, mit einem eigenen System von Terror und Belohnungen, wird nunmehr versucht werden, direkte Herrschaft an Stelle der nicht mehr leistungsfähigen indirekten zu installieren und, auf der Grundlage eines neuen Klassenbündnisses, zu stabilisieren. Diese Möglichkeit und Gefahr verdient allein, Faschismus genannt zu werden. Begegnet werden kann ihm sehr wahrscheinlich am ehesten präventiv und vermittels eines umfassenden Bündnisses.«[25]

Wenn der Antifaschismus kein »hilfloser Antifaschismus« sein solle, müsse er eine positive Perspektive bieten, die nur im Sozialismus liegen könne. Antifaschistische Politik sei nur »auf der Grundlage eines sozialistischen

Bündnisses realisierbar. Gegen faschistische Gewalt hilft nur revolutionäre Gewalt. Nur durch die Vergesellschaftung der Wirtschaft, nur durch Ablösung des das System steuernden Kapitalprofites durch demokratische Planung ist der Systemgrund zu beseitigen, der ständig neuen Faschismusbedarf zugleich mit dem komplementären Potential an Verdummung und Aggression hervorbringt [...]. Der Kampf gegen den Faschismus ist zu gewinnen nur als Kampf für den Sozialismus.«[26]

Wenn Teile des Bildungsbürgertums fundamental gegen die politische und gesellschaftliche Ordnung opponieren, ist das schädlich, sofern diese Ordnung erhaltenswert, die erstrebte aber totalitär wäre. Auch wenn die hier untersuchten linken Intellektuellen erfolglos blieben, so haben sie doch Wirkungen hervorgerufen. Der Ausspruch »Wer die geistige Führung verliert, verliert auch bald die politische« läßt sich empirisch belegen. Umsturz, Revolution, Systemveränderung bilden sich zunächst im geistig-kulturellen Bereich aus. Mit den Worten Hegels ausgedrückt: »Die theoretische Arbeit, überzeuge ich mich täglich mehr, bringt mehr zustande in der Welt als die praktische; ist erst das Reich der Vorstellungen revolutioniert, so hält die Wirklichkeit nicht aus.«[27]

2. Der antifaschistische Staat

2.1. Antifaschismus in SBZ und DDR

Die Analyse der Funktion des Antifaschismus hat gezeigt, daß es sich um ein Instrument der extremen Linken handelt. Es dient einerseits dazu, über die wahren Absichten und Ziele hinwegzutäuschen und auf diesem Wege »bürgerliche« Bündnispartner zu gewinnen, die sich für offensichtlich extremistische Ziele nicht einspannen ließen. Andererseits dient der Antifaschismus dazu, selbst Gewaltanwendung zu legitimieren, da diese angeblich im Interesse von moralisch nicht anfechtbaren Absichten (»Kampf gegen den Faschismus«) erfolgt.

Ein historischer Rückblick, wie wir ihn im folgenden geben wollen, zeigt aber, daß der Antifaschismus schon immer diese instrumentelle Funktion hatte. Das Beispiel der »antifaschistisch-demokratischen Umgestaltung« in der SBZ bzw. der DDR mag dies verdeutlichen.

Nach 1945 hatte die geistige und politische Überwindung des gescheiterten Nationalsozialismus fundamentale Bedeutung für die Legitimation der neuen Ordnung in Ost und West. Für die DDR bekam der Antifaschismus eine doppelte Bedeutung. Neben der Rechtfertigung des eigenen Systems mußte er bereits 1946 zur Destabilisierung der westlichen Demokratien herhalten. Walter Ulbricht legte in den fünfziger Jahren fest, daß der konsequente antifaschistische Kampf »die Wurzeln des Faschismus – die Herrschaft des Finanzkapitals« beseitigen müsse.[28] Schon 1945 hatte Ulbricht zur Erreichung dieses Ziels folgenden Maßnahmenkatalog zusammengestellt: »Säuberung des Verwaltungsapparats in Staat, Gemeinde und Wirtschaft von allen faschistischen Elementen. Enteignung der Großgrundbesitzer [...], der Konzerne und Bankherren [...]. Beseitigung der faschistischen Ideologie [...] sowie Kampf gegen jene Ideologien, an die der Faschismus anknüpfen konnte. Säuberung aller wissenschaftlichen Institute und Lehranstalten [...] von den Einflüssen faschistischer Auffassung und Lehrmethoden.«[29]

Nach den Maßgaben dieses Kataloges fand von 1945 bis 1949 in der Sowjetischen Besatzungszone (SBZ) – und darüber hinaus bis etwa 1952 – die »antifaschistisch-demokratische« Umwälzung statt. Obwohl das Reizwort »Sozialismus« vermieden wurde, ging es keineswegs nur um eine Ausschaltung der »Faschisten«, sondern darüber hinaus auch der bürgerlichen Kräfte. Der Widerstand der bürgerlichen Parteien und ihrer Anhänger wurde gelähmt, weil jeder Widerstand als »faschistisch« diffamiert war. Walter Ulbricht beschrieb in seinem 1955 erschienenen Buch *Zur Geschichte der neuesten Zeit*, daß das Politbüro der KPD und das Nationalkomitee Freies Deutschland Anfang 1945 die Aufgaben der deutschen Antifaschisten beschlossen hätten. »Die Kommunisten und Antifaschisten standen vor der neuen Aufgabe, die demokratische Macht auszuüben und sich zu diesem Zweck mit den breitesten Kreisen der antifaschistischen und aufbauwilligen Kräfte zu verbinden.«[30]

Das Nationalkomitee Freies Deutschland hatte eine herausragende Stellung. Es ist aufschlußreich, Wolfgang

Leonhard über die Entstehung dieser Einrichtung berichten zu hören; dies erhellt ihre propagandistische Funktion, die sie auch nach Kriegsende beibehielt. Leonhard schreibt über die Veröffentlichung des Manifestes des Komitees in der *Prawda* vom 21. Juli 1943, nachdem am 12./13. Juli die Gründung durch kriegsgefangene deutsche Soldaten und Offiziere sowie deutsche Emigranten stattgefunden hatte: »Freiherr vom Stein, Ernst Moritz Arndt, Clausewitz und Yorck wurden in diesem Aufruf als Vorbilder hingestellt, sozialistische Forderungen waren nicht einmal andeutungsweise enthalten, und die Existenz von deutschen Kommunisten wurde überhaupt nicht erwähnt. Selbst bei den Seminaren über das Thema ›Kampf gegen das Sektierertum‹ waren wir auf der Schule [der Komintern, die Leonhard besuchte; Anm. d. Verf.] nicht so weit gegangen. Es war nicht schwer zu erkennen, daß mit der Auflösung der Komintern und dem Manifest des Nationalkomitees sich nicht nur eine taktische Schwenkung vollzogen hatte, sondern daß es sich um einen Wechsel der strategischen Orientierung handeln mußte.«[31] Das Wort »Antifaschismus« fällt hier nicht einmal. Die antinationalsozialistische Tendenz wird bürgerlich-national mit dem Interesse des deutschen Volkes begründet. Einen linken Anklang kann man indirekt der Tatsache entnehmen, daß zusätzlich zu den 21 deutschen Offizieren und Soldaten elf kommunistische Intellektuelle und ehemalige Reichstagsabgeordnete unterschrieben hatten.

Das Nationalkomitee Freies Deutschland (NKFD) sollte unter antifaschistischem Vorzeichen jene Konservativen und nationaldenkenden Deutschen ansprechen, die bei offen kommunistischer Zielsetzung nicht zu gewinnen gewesen wären. Aus diesen Reihen wurden Helfer für den Aufbau der bewaffneten Kräfte herangezogen, wie zum Beispiel Vincenz Müller, der als Chef des Stabes der Kasernierten Volkspolizei die Nationale Volksarmee aufbaute.[32] Die National-Demokratische Partei Deutschlands (NDPD), die durch NKFD- und BDO-Mitglieder (Bund Deutscher Offiziere) gegründet wurde, diente als nationale Tarnorganisation. Sie nahm ehemalige NSDAP-Mitglieder auf, die von der CDU und LDPD nicht akzeptiert werden durften. Obwohl die NDPD eindeutig eine kommunistisch inszenierte Gründung war, standen ihre Forderungen anfangs bewußt im Gegensatz zur kommunistischen Linie.

Für den manipulativ-opportunistischen Gebrauch des »Faschismus«-Argumentes in der kommunistischen Politik ist erhellend, daß Leonhard seine Abkehr vom Stalinismus mit dem Pakt mit Hitlerdeutschland und der darauffolgenden Ausmerzung der antifaschistischen Literatur begründet.[33] In seiner Rede vor dem Obersten Sowjet vom 31. Oktober 1939 hatte Molotow den Pakt folgendermaßen untermauert: »Der Abschluß des sowjetisch-deutschen Nichtangriffspaktes am 23. August hat den anomalen Beziehungen, die zwischen der Sowjetunion und Deutschland jahrelang bestanden, ein Ende bereitet. Anstatt einander anzufeinden, was von gewissen europäischen Mächten in jeder Weise gefördert wurde, haben wir uns nunmehr verständigt und freundschaftliche Beziehungen zueinander aufgenommen.«[34] Der Stellenwert sowjetischer Machtpolitik einerseits und des Antifaschismus andererseits könnte kaum deutlicher zum Ausdruck kommen: Der Antifaschismus wird in dem Augenblick als moralischer Wert geopfert, wo er von den machtpolitischen Realitäten überholt ist. Diese Festlegungen, die den Charakter der antifaschistischen Propaganda der DDR aus ihren Ursprüngen erhellen, dürften die Weichen für die spätere Funktion des Antifaschismus in der Propaganda der DDR gegenüber dem Westen gestellt haben.

Die Anfänge in der SBZ werden von Walter Ulbricht so geschildert: »Die sowjetischen Kommandanten suchten, wenn ihre Truppen einen Ort besetzt hatten, Verbindung mit bewährten Antifaschisten und Demokraten und bildeten aus ihnen eine neue Verwaltung. Die Anglo-Amerikaner ließen alte Naziverwaltungen im Amt und ersetzten nur geflohene oder allzu kompromittierte Beamte durch Leute aus Kreisen der bürgerlichen Geschäftswelt, die ihnen alle Gewähr für die Erhaltung des deutschen Monopolkapitals und gewinnversprechende Geschäftsbeziehungen boten. – Es gab zahlreiche Fälle, in denen selbst die alten Nazibürgermeister und Polizeipräsidenten in Amt und Würde blieben, sogar SS-Offiziere und Gestapobeamte wurden zu Polizeioffizieren gemacht. Oft setzten die Amerikaner dienstwillige Sozialdemokraten und frühere Gewerkschaftsfunktionäre als Beamte ein, die als Antifaschisten galten und gleichzeitig die Gewähr boten, gegen jede radikale Umgestaltung der Verhältnisse aufzutreten.«[35]

Wie sah die von Ulbricht genannte »Verbindung mit bewährten Antifaschisten« im sowjetischen Einflußgebiet aus? Wodurch zeichnete sich der Antifaschismus kommunistischer Prägung gegenüber dem von Ulbricht als Pseudo-Antifaschismus beschriebenen Antifaschismus des Westens aus?

Ulbricht betont, daß es den Antifaschisten darum gehen müsse, »die Werktätigen durch eigene Erfahrungen zu überzeugen, daß die Antifaschisten ihr Vertrauen verdienten.«[36] Ulbrichts Vertrauen genossen die »Antifaschisten« indessen nicht. Wolfgang Leonhard schildert die radikale Auflösung der in Berlin arbeitenden antifaschistischen Komitees im Mai 1945.[37] Diese Komitees bestanden aus Kommunisten, Sozialdemokraten, bürgerlichen und kirchlichen Personen, die schon teilweise während des Krieges zusammengearbeitet hatten. Ulbricht selbst begründet die Auflösung der Komitees in der Rückschau wie folgt: »Selbst wo solche Komitees Lebensmittelverteilung, Arbeitseinsätze und andere Aufgaben übernahmen, die in normalen Zeiten Sache der staatlichen Verwaltung gewesen wären, trugen ihre Maßnahmen notwendigerweise provisorischen Charakter und hinderten die Antifaschisten daran, schnell neue demokratische Staatsorgane zu organisieren und von der festen und beständigen Position der Macht her die Leitung der Dinge in die Hand zu nehmen […]. Das wichtigste war jetzt, alle politisch bewußten zuverlässigen Kräfte auf die Bildung der neuen Verwaltungsorgane zu orientieren. Gerade in dieser Richtung wirkten die Initiativgruppen von Kommunisten […]. Sie erreichten, daß sich die antifaschistischen Kräfte auf diese Hauptaufgaben konzentrierten und so schnell Vertrauen und Führung der Volksmassen erwarben. Die Komitees wurden aufgelöst.«[38]

Dagegen erinnert Leonhard an Ulbrichts damaliges Motiv für die Auflösung der antifaschistischen Büros und Komitees, die wiederum den propagandistischen Umgang mit dem Antifaschismus enthüllten: »Es wurde in Erfahrung gebracht« – Ulbricht sagte nicht, durch wen und wie –, »daß diese Büros von Nazis aufgezogen worden sind. Es sind also Tarnorganisationen, deren Ziel es ist, die demokratische Entwicklung zu stören. Wir müssen alles daransetzen, sie aufzulösen. Dies ist jetzt die wichtigste Aufgabe.«[39] Leonhard teilt mit, daß diese Auflösungsmaßnahmen überall in der SBZ erfolgten, und resümiert: »So wurde von Anfang Mai bis Mitte Juni alle Initiative von unten im Keim erstickt. Ich hielt das damals für einen Fehler in einer Teilfrage und versuchte, ihn genauso zu rechtfertigen, wie ich schon früher negative Tendenzen der Sowjetunion als ›zeitweilige Fehler‹ zu rechtfertigen versucht hatte. Erst bei meinem Bruch mit dem Stalinismus wurde mir der Sinn der damaligen Direktive gegen die spontan entstandenen Antifaschistischen Komitees klar: Es war nicht ein Fehler in einer Teilfrage, sondern ein Wesenszug der stalinistischen Politik. Der Stalinismus kann nicht zulassen, daß durch selbständige Initiativen von unten antifaschistische, sozialistische und kommunistische Bewegungen oder Organisationen entstehen, denn er liefe stets Gefahr, daß sie sich seiner Kontrolle zu entziehen und sich gegen Direktiven von oben zu stellen versuchten. Die Auflösung der Antifaschistischen Komitees war daher nichts anderes als die Zertrümmerung erster Ansätze einer vielleicht machtvollen, selbständigen, antifaschistischen und sozialistischen Bewegung. Es war der erste Sieg des Apparates über die selbständigen Regungen der antifaschistischen, links eingestellten Schichten Deutschlands.«[40] Daran konnte nach 1989 die Legende anknüpfen, die guten antifaschistischen Anfänge seien später durch die stalinistische Bürokratisierung erstickt worden.

Auch in den westlichen Besatzungszonen wurden die antifaschistischen Komitees auf Betreiben der Besatzungsmächte aufgelöst. In dem populärwissenschaftlichen Geschichtsbuch *DDR – Werden und Wachsen,* herausgegeben vom Historiker Heinz Heitzer, heißt es: »Die Besatzungsmächte lösten antifaschistische Ausschüsse auf, die sich um die politische Säuberung der Verwaltungen und die Einsetzung zuverlässiger demokratischer Kräfte bemüht hatten. Eine echte Zusammenarbeit zwischen den Besatzungsbehörden und antifaschistisch-demokratischen Kräften zur Durchführung der in Jalta und später in Potsdam getroffenen Beschlüsse hat es in den Westzonen nie gegeben.«[41] Rolf Badstübner, Leiter des Bereichs Geschichte der DDR am Zentralinstitut für Geschichte der Akademie der Wissenschaften der DDR und Mitherausgeber des genannten Geschichtsbuches, vergleicht die Entwicklung in der Ostzone mit der in den Westzonen: »In den Westzonen gestaltete sich das Verhältnis zwischen den Besatzungsmächten und den antifaschistisch-demokratischen Kräften gänzlich anders [als in der SBZ; Anm. d. Verf.]. Die westlichen Militärregierungen waren in der ersten Zeit die entscheidende Kraft bei der Unterdrückung antifaschistisch-demokratischer Bestrebungen bzw. dem Abblocken von grundlegenden Veränderungen.«[42]

Die Auflösung der Antifa-Komitees in der SBZ erschien gerechtfertigt, weil die »grundlegenden Veränderungen« durch die mit der Besatzungsmacht eng verbundene KPD/SED durchgeführt wurden. Spontane, unkontrollierte Antifa-Ausschüsse waren dabei nur hinderlich. Für die Westzonen wurde ihre Tätigkeit begrüßt, weil sie im Sinne der KPD/SED handelten, auch ohne parteimäßige Bindung. Schon damals erwies sich der Antifaschismus als Volksfrontkitt, auf dessen Basis sehr unterschiedliche politische Kräfte – Sozialdemokraten, Christen, Bürgerliche – mit den Kommunisten kooperieren konnten. Aus dem gleichen Grund erregten die Ausschüsse das Mißtrauen der westlichen Besatzungsmächte, die zu Recht vermuteten, daß sie im Interesse der Sowjetunion arbeiteten, auch wenn dies einzelnen Mitgliedern vielleicht nicht bewußt war. Hagen Rudolph bemerkt dazu: »Ihre [der Antifas] Spontaneität, ihre Unabhängigkeit, ihre Initiative irritieren die Besatzungsmächte, die fürchten müssen, daß hier eine Bewegung entsteht, die sie nicht von Anfang an im Griff haben [...]. So werden die Antifas in Deutschland allesamt im Sommer 1945 verboten [...]. Ein erster politischer Nachkriegstraum ist zu Ende.«[43]

In der Sowjetzone gebrauchte die Besatzungsmacht zusammen mit der SED den Antifaschismus als Hauptinstrument einer revolutionären Umgestaltung der Gesellschaft im sozialistischen Sinne. In den westlichen Zonen maßten sich die Antifa-Ausschüsse administrative, personalpolitische und auch judikative Funktionen an, die von den dortigen Besatzungsbehörden als unkontrollierbar, störend und politisch im Sinne der Sowjetunion eingeschätzt und daher unterbunden wurden.

In der Definition zur »antifaschistisch-demokratischen Umwälzung« (a. U.) heißt es im *Kleinen politischen Wörterbuch:* »Die a. U. ist die erste Etappe des einheitlichen revolutionären Prozesses des Überganges vom Kapitalismus zum Sozialismus, der mit der Gründung der DDR in die sozialistische Revolution hinüberwuchs.«[44] Voraussetzungen waren im einzelnen eine Verwaltungsreform, eine Justizreform, eine Bodenreform, die Enteignung der Betriebe, eine Schul- und Hochschulreform. Der Übergangscharakter der antifaschistisch-demokratischen Ordnung wird im Aufruf des Zentralkomitees der KPD vom 11. Juni 1945 als »programmatische Grundlage für die Errichtung der antifaschistisch-demokratischen Ordnung« bezeichnet: »Aufrichtung eines antifaschistischen, demokratischen Regimes, einer parlamentarisch-demokratischen Republik mit allen demokratischen Rechten und Freiheiten für das Volk.«[45]

Mit dem Befehl Nr. 2 des Obersten Chefs der Sowjetischen Militärischen Administration (SMAD) vom 10. Juni und 5. Juli 1945 wurden die KPD, die SPD, die CDU und die LDPD gegründet. Diese schlossen sich am 14. Juli 1945 zur »Einheitsfront der antifaschistisch-demokratischen Parteien« zusammen. In deren Gründungsaufruf setzten sich die vier Parteien folgende Hauptaufgaben:

- Entnazifizierung,
- Wiederaufbau Deutschlands,
- Aufbau eines demokratischen Rechtsstaates,
- Sicherung der Freiheit des Geistes und des Gewissens,
- Wiedergewinnung des Vertrauens der anderen Völker.

Die Einheitsfront der antifaschistisch-demokratischen Parteien sollte eine organisierte Opposition verhindern. Der Antifaschismus ermöglichte den Zusammenhalt. Auf diese Weise beabsichtigte man eine schrittweise Gleichschaltung der bürgerlichen Kräfte bei Minimierung der inneren und äußeren Widerstände.

Die Hervorhebung des Antifaschismus hatte für die KPD eine weitere Bedeutung. Mit dem Image der entschiedensten Kämpfer gegen das NS-Regime hoffte man, eine Massenbasis zu bekommen. Die KPD sollte Volkspartei werden.[46] Die zahlreichen Beispiele für eine Zusammenarbeit von Kommunisten und Nationalsozialisten mußten allerdings verschwiegen werden. Ulbricht wollte möglichst bald aktive Antifaschisten in die Partei aufnehmen, da ihm die alten Kader zu sektiererisch waren.[47] Doch trotz der im Widerstand gegen das NS-Regime begründeten antifaschistischen Haltung und des moderaten Auftretens gelang es der KPD nicht, eine Massenbasis zu erlangen, denn sie wurde als Erfüllungsgehilfin der sowjetischen Besatzungsmacht angesehen.

Um so wichtiger war für die KPD die Strategie der Einheitsfront der antifaschistisch-demokratischen Parteien zur Gleichschaltung des Parteiensystems, die im Schulterschluß mit der Besatzungsmacht schrittweise vorangetrieben wurde. Der gemeinsame Ausschuß sollte nur einstimmig, also mit Zustimmung aller Parteien, Beschlüsse fassen können. Es gab bereits sehr früh Auseinandersetzungen zwischen den Kommunisten auf der einen und den übrigen Parteien auf der anderen Seite, die im Zweifel mit Hilfe der sowjetischen Besatzungsmacht zugunsten der KPD entschieden wurden.[48]

Auch die personelle Umstrukturierung des öffentlichen Dienstes wurde als antifaschistische Säuberung ausgegeben. Die Entnazifizierung setzte eine weitgehende personelle Umschichtung in Gang. Bis 1948 waren zirka 520 000 Personen davon betroffen; sie wurden aus dem öffentlich-politischen und beruflichen Leben entfernt. Die freiwerdenden Stellen wurden nach den Maßgaben der KPD/SED neu besetzt. Mittels der Entnazifizierung schaltete man politische Gegner aus. Die sowjetische Geheimpolizei richtete Internierungslager ein, teilweise direkt aus der NS-Zeit übernommen (Buchenwald, Sachsenhausen). Etwa 130 000 politische Gefangene waren inhaftiert; von ihnen sollen etwa 50 000 ums Leben gekommen sein. 20 000 bis 30 000 Gefangene wurden in die Sowjetunion deportiert. Ab 1946 waren auch Sozialdemokraten und oppositionelle Kommunisten von diesen Maßnahmen betroffen.[49]

Gestützt auf die kommunistische Faschismustheorie, wurde auch eine tiefgreifende Umstrukturierung des Wirtschaftssystems durchgeführt. 1945 startete die Bodenreform: Alle Grundbesitzer, die über 100 Hektar Land besaßen, enteignete man. Dies betraf 3,1 Millionen Hektar Grund und Boden, die ohne Entschädigung in andere Besitzverhältnisse überführt wurden. Obwohl die anderen Parteien eine Bodenreform prinzipiell unterstützten, kam es zu Streit. So sprachen sich der Vorsitzende der CDU, Andreas Hermes, und sein Stellvertreter, Walther Schreiber, gegen eine entschädigungslose Enteignung aus. Am 19. Dezember 1945 wurden sie auf Betreiben der sowjetischen Militärregierung abgesetzt. Teile der CDU kollaborierten mit der SED und der Besatzungsmacht und begründeten ihr Verhalten mit antifaschistischen Argumenten. Das CDU-Organ *Neue Zeit* warf der eigenen Parteileitung einen »immer mehr ins Reaktionäre abschweifenden Kurs« vor. Die Haltung von Hermes und Schreiber gefährde das Verhältnis zu den anderen antifaschistischen Parteien. Am 19. Dezember 1945 wurde auf einer Konferenz der CDU, an der 50 Delegierte aus der Sowjetzone teilnahmen, der Rücktritt der beiden Politiker gefordert. Der Delegierte Hahn, Vertreter des Kreises Prenzlauer Berg, Berlin, sagte: »Immer wieder wird die Union mit dem schweren Vorwurf belastet, ein Versteck alter Faschisten zu sein.« Der Delegierte Grosse aus Thüringen kritisierte, die CDU sei zu einem Sammelbecken der Reaktion geworden.[50] Die Parteiführung ging auf Jakob Kaiser und Ernst Lemmer über. Die Erwartung, daß dieser Wechsel eine »Selbstreinigung« zum »Nutzen der antifaschistisch-demokratischen Einheitsfront« bringen würde,[51] erfüllte sich aber nicht. Im Dezember 1947 setzte man auch sie ab.

In der Industrie kam die Sozialisierung ebenfalls in Gang. Durch die Befehle Nr. 124 und 126 der SMAD vom 30. und 31. Oktober 1945 wurde das Eigentum des Staates, der NSDAP und der Wehrmacht beschlagnahmt und in sowjetische Aktiengesellschaften umgewandelt oder deutschen Verwaltungsorganen übertragen. In Sachsen führte die SED am 30. Juni 1946 einen Volksentscheid über die Verstaatlichung der Industriebetriebe durch – gegen den Widerstand der CDU und der LDP. Weil die SED die Enteignung von Nazis und Kriegsverbrechern vorschützte, hatte sie Erfolg. 77,6 Prozent stimmten für und 16,5 Prozent gegen die Sozialisierungs- und Enteignungsmaßnahmen.[52] Daraufhin wurde in den anderen Ländern der SBZ ohne Abstimmung ein großer Teil der Gewerbe- und Industriebetriebe verstaatlicht. Nach kommunistischer Auffassung war damit dem Faschismus die sozioökonomische Basis entzogen.

Nachdem im April 1946 KPD und SPD zur SED verschmolzen worden waren, schloß man mit der Gründung der Demokratischen Bauernpartei Deutschlands (DBD) und der National-Demokratischen Partei Deutschlands (NDPD) 1948 die Gleichschaltung der Parteien so gut wie ab. Beide Parteien waren kommunistische Tarngründungen und wurden direkt in den Antifa-Block aufgenommen.[53] Nicht zuletzt durch kommunistisch dominierte Massenorganisationen, die ebenfalls in den Antifa-Block eingingen, wurde der Einfluß der SED wirksam gesichert. Diese großen Organisationen waren der Freie Deutsche Gewerkschaftsbund (FDGB), der Kulturbund zur demokratischen Erneuerung Deutschlands und der Demokratische Frauenbund. Im Juli 1952 wurde auf der 3. Parteikonferenz der SED der Aufbau des Sozialismus verkündet, womit die Phase der antifaschistisch-demokratischen Ordnung als beendet erklärt war. Die DDR hatte das sowjetische Modell des Sozialismus fast vollständig übernommen.

2.2. Antifaschistische Kampagnen und ihre Wirkung

Die Antifaschismus-Kampagnen waren ein Ergebnis des Ost-West-Konfliktes. Als nach 1945 mit dem Zerfall der »Anti-Hitler-Koalition« der nur zeitweise überdeckte Konflikt wieder aufbrach, bot sich der Antifaschismus an, um das westliche Bündnis zu destabilisieren. Erste Anzeichen für die Instrumentalisierung des Antifaschismus im Kalten Krieg gab es bereits 1946. Schon damals erhob die Sowjetunion Vorwürfe gegen die Westmächte, die Bestimmungen der Potsdamer Konferenz hinsichtlich der Entnazifizierung nicht konsequent durchzusetzen.[54]

Gleich nach den Wahlen zum ersten Deutschen Bundestag hieß es, die von den Amerikanern installierte »Marionettenregierung« solle in den aggressiven Atlantikblock eingegliedert werden.[55] Bis Mitte der fünfziger Jahre stellten Bemühungen, die auf eine Wiederbewaffnung hinausliefen, bevorzugte Angriffsziele der sowjetischen Antifa-Kampagnen dar. Adressaten sowjetischer Noten waren dabei hauptsächlich die Westmächte, die immer wieder an die aus dem Potsdamer Abkommen resultierende Forderung nach einem entmilitarisierten Deutschland gemahnt wurden, mit dem Hinweis, daß die geplante westdeutsche Armee von Hitler-Generälen angeführt werde. Vor einer erneuten Unterschätzung der deutschen Aggressivität wurde gewarnt. Die Regierung Adenauer galt als Revanchistenclique. Eine typische Warnung lautete: »Nachher werden die deutschen Militaristen und Revanchehetzer freie Hand zur Durchführung ihrer aggressiven Politik in Europa haben. Westdeutschland wird damit in einen gefährlichen Herd eines neuen Krieges in Europa verwandelt.«[56]

Man verband Antimilitarismus, Antirevanchismus, Antikapitalismus und Antifaschismus propagandistisch, wie an der sowjetischen Interpretation des Aufstandes vom 17. Juni 1953 deutlich wird: »Die Tatsachen bezeugen, daß die am 17. Juni in Berlin verübte Provokation von den reaktionären Kreisen der Westmächte und ihren Helfershelfern aus dem Kreise der westdeutschen Monopolherren vorbereitet wurde.«[57] »Wie aus den Aussagen der am 17. Juni festgenommenen Unruhestifter hervorgeht, wurde die Provokation unter der unmittelbaren Leitung der amerikanischen Militärbehörden vorbereitet. Faschistische Abenteurer rotteten sich im amerikanischen Sektor Berlins zusammen.«[58]

Das KPD-Verbot im August 1956 löste eine weitere Antifaschismus-Kampagne aus. Mit dem Satz: »Heute beschreiten die regierenden Kreise Westdeutschlands denselben Weg, den der deutsche Nazismus gegangen war«,[59] sollte die kommunistische Faschismusinterpretation belegt werden, also die These, daß sich das Monopolkapital faschistischer Prätorianer bediene, um die revolutionäre Arbeiterbewegung zu unterdrücken. Wenngleich es nach 1956 keine »faschistische« Bewegung gab, übernahm nach dieser Interpretation die deutsche Bundesregierung die Funktion des Unterdrückers.

Anfang der sechziger Jahre läßt sich eine gewisse qualitative Veränderung der Antifaschismus-Kampagnen feststellen. Den Vorwurf des Revanchismus und des Imperialismus brachte man jetzt mit gezielten Attacken gegen Einzelpersonen verstärkt vor. Exponierte Persönlichkeiten aus Regierungs- und Militärkreisen wurden als Kriegsverbrecher denunziert, etwa der damalige Vorsitzende des NATO-Militärausschusses, General Adolf Heusinger,[60] der Generalinspekteur der Bundeswehr, Generalleutnant Friedrich Foertsch,[61] sowie der Leiter der Zentralen Stelle der Landesjustizverwaltungen zur Aufklärung nationalsozialistischer Verbrechen in Ludwigsburg, Oberstaatsanwalt Erwin Schüle, dem – ausgerechnet in dieser Position – die NSDAP-Mitgliedschaft nachgewiesen wurde.[62] Die *Prawda* griff den Bundespräsidenten Heinrich Lübke wegen seiner früheren Verbindungen zur Rüstungsindustrie an: Er habe zur Stärkung des NS-Regimes und zur Ermordung von KZ-Häftlingen beigetragen.[63] In die innenpolitische Auseinandersetzung um die 1969 fällige Verjährungsfrist für Verbrechen während der NS-Herrschaft mischte sich die Sowjetunion mit scharfen Protesten gegen die Verjährung ein.[64]

Stärker als auf die erste Welle des Rechtsextremismus in der Bundesrepublik, in der die 1952 für verfassungswidrig erklärte Sozialistische Reichspartei dominiert hatte, reagierte die Sowjetunion propagandistisch auf die Tatsache, daß ab 1965 bis 1968 die NPD bei den meisten Landtagswahlen die Fünfprozenthürde überspringen konnte. »Wer kann unter diesen Umständen garantieren, daß in der Bundesrepublik nicht ein neuer Hitler, noch dazu mit Kernwaffen in der Hand, auf den Plan tritt?«[65] fragte die Sowjetunion in einer Note an die drei Westmächte und die Bundesrepublik. Eine kaum verhohlene militärische Drohung klingt in der Ankündigung mit, die »neofaschistischen Umtriebe« scharf im Auge zu behalten, um »im Einklang mit den Verpflichtungen aus dem Potsdamer und den anderen internationalen Abkommen nötigenfalls gemeinsam mit anderen friedliebenden Staaten alle Maßnahmen zu ergreifen, die die Situation notwendig machen würde.«[66] Auch in die Diskussion um die Notstandsgesetze 1968 griff die Sowjetunion mit dem Hinweis ein, es handele sich um ein weiteres Indiz für Kriegsvorbereitungen der Bundesregierung.[67] Mit Bezug auf die sogenannten Feindstaatenklauseln der UN-Charta und auf das Potsdamer Abkommen reklamierte die UdSSR ausdrücklich ein Interventionsrecht in der Bundesrepublik für sich.[68] Die sowjetische Antifaschismus-Kampagne richtete sich nicht nur gegen die Bundesrepublik, sondern gegen die westliche Bündnispolitik insgesamt: »Die Unterstützung des faschistischen Regimes in Portugal, die Begünstigung der Franco-Diktatur in Spanien, der mit Hilfe der führenden Kreise der NATO organisierte Putsch in Griechenland (21. April 1967), die Ermunterung der Aktivität der ehemaligen Hitler-Faschisten und Nazis in Westdeutschland – all das zeugt von dem zutiefst antidemokratischen Charakter der Politik der in der Organisation des Nordatlantikpaktes vereinigten Kräfte.«[69]

Mit der sozial-liberalen Koalition, die 1969 die CDU in die Opposition verwies, verloren die Antifaschismus-Kampagnen an Intensität. Die Sozialstruktur der Bundesrepublik, die doch angeblich Grundlage des »Faschismus« war, hatte sich genausowenig geändert wie ihre außenpolitische Orientierung. Offenbar wurde aber von der Sowjetunion eine außenpolitische Annäherung an den Westen erhofft, die ihr die wegen zunehmender Spannungen mit China dringend benötigte Ruhe an der Westgrenze brachte. Daher erklärte Leonid Breschnew in seiner Rede anläßlich des 20. Jahrestages der DDR (1969): »Nicht von ungefähr wurde bei der letzten Wahl in der westdeutschen Bundesrepublik dem Versuch der Neonazis, sich in den Bundestag zu schleichen, eine Abfuhr erteilt. Dieses Ergebnis der Wahl ist eindeutig ein Erfolg der demokratischen Kräfte in der westdeutschen Bundesrepublik.«[70] Mit dem Abklingen der Konfrontation, insbesondere mit dem Moskauer Vertrag über Gewaltverzicht und Unverletzbarkeit der Grenzen in Europa, wurden die Faschismus-Vorwürfe schwächer. Die Kritik der chinesischen Kommunisten am Moskauer Abkommen wurde vom *Neuen Deutschland* in einem Atemzug mit der Kritik der *National-Zeitung* verleumderisch genannt. Diesen Artikel druckte die *Prawda* nach.[71] Während des gesamten Zeitraums der sozial-liberalen Koalition (1969–1982) gingen die »antifaschistischen« Propagandakampagnen stark zurück.

Auch nach dem Sturz der Regierung Helmut Schmidt 1982 gab es bis 1991 keine den früheren Jahrzehnten vergleichbaren Propagandaaktionen mehr. Gerade dies verdeutlicht aber die manipulative Funktion der Antifaschismus-Kampagnen. Wenn nach kommunistischer Auffassung der Kapitalismus der Ursprung des Faschismus ist, so hatte sich durch den Regierungswechsel nichts geändert. Lediglich das politische Umfeld, das die Benutzung des Antifaschismus als Pressionsmittel unnötig machte, hatte sich gewandelt. Die Ideologie erwies sich hier als propagandistisches Versatzstück.

Ab Mitte der sechziger Jahre diente der Antifaschismus nicht mehr nur der Destabilisierung des westlichen Bündnisses, sondern auch der Integration des Ostblocks. In China, Rumänien, Polen, Ungarn und der Tschechoslowakei gab es nationalkommunistische und liberale Bemühungen zur Entspannung der politischen Situation, die zum Teil, wie in China, zum Bruch mit der Sowjetunion führten. Als Mitte der sechziger Jahre, bereits unter Bundeskanzler Ludwig Erhard, und dann insbesondere ab 1969 die Bonner Ostpolitik beweglich wurde, bedeutete dies zwar einerseits Entspannung, aber andererseits auch Begünstigung der Auflockerungstendenzen im Ostblock.

Antifaschismus-Kampagnen, die sich gegen die vermeintliche »deutsche Gefahr« richteten, sollten den Ostblock stabilisieren und die Loyalität der Polen und der Tschechen durch Erinnerung an die Zeit deutscher Okkupation gewährleisten.[72] »Sooft die Polen nur davon zu träumen beginnen, die alte Jalta-Last abzuwerfen, werden sie an die deutsche Gefahr ante portas erinnert. [...] Sooft also die kommunistische Macht [...] sich nicht stark genug fühlt, [...] wird das Land von einer breiten Propagandawelle zum Thema deutsche Gefahr überflutet.«[73] Auch die bis ins Jahr 1990 aufrechterhaltene Behauptung, die Ermordung polnischer Offiziere in Katyn sei ein Verbrechen »deutscher Faschisten« gewesen, hatte diesen Zweck. Bei Polen und Tschechen sollten tiefverwurzelte Empfindlichkeiten aufgerührt werden. So vordergründig und durchschaubar die Antifaschismus-Kampagnen auch waren, wie das Beispiel Katyn zeigt, eine verbale Loyalität zur Sowjetunion konnte auf diese Weise immer erreicht werden. Während von 1946 bis 1960 Antifaschismus-Kampagnen ausschließlich von der Sowjetunion betrieben wurden, von 1969 an mit deutlich abnehmender Tendenz, ist im Westen die gegenteilige Entwicklung zu beobachten. Ab 1948 gab es hier kaum »antifaschistische« Argumente, sie wurden aber mit zunehmender Entspannung unter der Präsidentschaft Kennedys immer lauter, um bis zur Gegenwart anzuhalten.

Im Gefolge der Sowjetunion hatte die SED in der SBZ und später in der DDR bereits von 1946 an die Faschismuskeule gegen den Westen eingesetzt. Die tagespolitische Agitation bzw. Propaganda sollte durch die parteinahe Wissenschaft gestützt werden. Die ideologisch begründete Zeitgeschichtsschreibung der DDR bemühte sich, »eine geschichtliche Kontinuität« faschistischer Strukturen in der Politik der Bundesrepublik Deutschland herauszuarbeiten. Da es nach dem Ersten Weltkrieg unterlassen worden sei, Industrielle, Bankiers und Großgrundbesitzer sowie Kriegstreiber und Kriegsgewinnler zu enteignen, sei die Weimarer Republik nichts anderes als »eine getarnte Diktatur des Monopolkapitals« gewesen.⁷⁴ Mit der nationalsozialistischen (»faschistischen«) Machtübernahme 1933 habe sich nicht die Substanz der monopolistischen Herrschaft verändert, sondern lediglich die Form, in der das Finanzkapital seine Herrschaft ausübte. Nach dem Sieg über das »faschistische« Deutschland sei eine Einheitsfront gegen »Faschismus und Reaktion« nur auf dem Gebiet der DDR geschaffen worden.⁷⁵ In Westdeutschland habe man hingegen die sozioökonomischen Voraussetzungen für eine Beseitigung des Faschismus nicht herbeigeführt.⁷⁶

Mitte der fünfziger Jahre steigerten sich im Zusammenhang mit der Wiederbewaffnung (der sogenannten Remilitarisierung) die Vorwürfe einer ungebrochenen »faschistischen« Kontinuität erheblich. Adressat dieser Angriffe war – analog zu den Bemühungen der Sowjetunion – das westliche Ausland, in dem antideutsche Ressentiments wachgehalten und gegen die Bundesrepublik und ihre Integration ins westliche Bündnis gerichtet werden sollten. Aber auch in der Innenpolitik machte sich der Vorwurf der »Renazifizierung« breit, so daß diese Waffe verstärkt als innen- wie außenpolitisches Kampfmittel fungierte.

Besonders wichtig wurde hier der am 7. Januar 1954 gegründete Ausschuß für deutsche Einheit, der bis 1965 bestand und über fünfzig Publikationen herausbrachte und internationale Pressekonferenzen veranstaltete. Während die ersten Veröffentlichungen sich um ein positives DDR-Bild durch den Vergleich mit der negativ gezeichneten Bundesrepublik bemühten, womit offenbar auch die »Republikflucht« gedämpft werden sollte, begann mit der im Jahre 1958 herausgegebenen Broschüre *Wie sieht es drüben aus? 120 Antworten auf häufig gestellte Fragen*[77] der Versuch, das antifaschistische Argument gegen die Bundesrepublik zu wenden. Das faschistische Gedankengut habe dort bereits wieder denselben Stellenwert wie 1933. Die regierende CDU sei die politische Heimat der ehemaligen Offiziere und führenden Nationalsozialisten.[78] Der deutschen Geschichtsschreibung wurde vorgeworfen, sie schildere die Hitler-Ära »in den herrlichsten Farben« und habe verlauten lassen, beim nächsten Weltkrieg sei lediglich eine bessere Ausrüstung erforderlich, um die Sowjetunion von der Landkarte zu streichen.[79]

In der 1962 veröffentlichten Schrift *Strauß und Brandt mobilisieren die SS. Drahtzieher der Revanchehetze um West-Berlin* wird der Mauerbau als »antifaschistischer Schutzwall« ausgegeben, da dieser kriegs- und schießwütige Verbrecher abhalte, Land zu erobern.[80] Veröffentlichungen, die sich gegen den damaligen Verteidigungsminister Strauß richteten, der als die »Spinne im schwarzbraunen Netz des westdeutschen Klerikalismus« bezeichnet wird,[81] und die Broschüre *Hitlers Generale greifen nach Atomwaffen*[82] hatten die bereits erwähnte doppelte Funktion: Sie sollten einerseits im westlichen Ausland Furcht vor dem deutschen »Militarismus« hervorrufen, indem Erinnerungen an den Zweiten Weltkrieg geweckt wurden. Zum anderen waren die Wiederbewaffnung und um 1958 der Plan, die Bundeswehr mit Atomwaffen auszurüsten, auch in der Bundesrepublik heftig umstritten. Hier diente das »antifaschistische« Argument der Einflußnahme, die der SED mit sozialistisch-kommunistischen Argumenten nicht möglich gewesen wäre.

Dasselbe beabsichtigten die Versuche, durch den Nationalsozialismus scheinbar oder wirklich belastete Persönlichkeiten durch moralischen Druck aus dem öffentlichen Leben der Bundesrepublik zu entfernen. In der 1958 veröffentlichten Broschüre *Wer regiert Bonn?* heißt es, daß in Westdeutschland nicht das Volk, sondern eine hauchdünne Oberschicht von 150 Multimillionären herrsche. Die Bundesrepublik stehe in der Tradition einer Finanzoligarchie, die nacheinander Bülow, Bethmann Hollweg und Hindenburg, Brüning, Papen, Schacht, Hitler, Göring und schließlich Adenauer in den Sattel gehoben habe.[83] Nach elf Jahren Adenauer-Regierung sei die »braune Hydra« wieder in »alle Zweige des westdeutschen Staatsapparates eingedrungen«, heißt es in der 1960 erschienenen Schrift *... wieder am Hebel der Macht.*[84] Von den 17 Bundesministern seien zwölf durch ihre nationalsozialistische Vergangenheit schwer belastet; 80 Prozent aller Bonner Diplomaten hätten schon unter Ribbentrop gedient. Alle 40 Generale der Bundeswehr seien schon in der Wehrmacht bei Hitlers Überfallen auf Europa dabeigewesen; die Schlüsselpositionen der westdeutschen Polizei befänden sich wieder in den Händen ehemaliger Gestapo- und SS-Führer.[85]

Zu Beginn der sechziger Jahre bemühte sich der Ausschuß für deutsche Einheit zunehmend und in zahlreichen Fällen durchaus erfolgreich, die Vergangenheit politisch führender oder einflußreicher Personen »antifaschistisch« zu instrumentalisieren. Mit der Veröffentlichung *Fortschritt und Reaktion* (1961) wurden kurzgefaßte Lebensläufe von Politikern präsentiert, die beweisen sollten, daß nur im Osten Deutschlands die Kräfte des Friedens, der Demokratie und des gesellschaftlichen Fortschritts regierten und daher der DDR als einzig rechtmäßigem deutschen Staat die Zukunft gehöre.[86]

Einen bedeutsamen propagandistischen Erfolg erzielte der Ausschuß mit Publikationen, die sich gegen den Bundesvertriebenenminister Theodor Oberländer richteten, der seit 1953 zunächst als Funktionär des Blocks der Heimatvertriebenen und Entrechteten (BHE), später als Mitglied der CDU dem Bundeskabinett angehörte. Oberländer sei ein »Haupteinpeitscher der faschistischen Kriegs- und Ausrottungspolitik« gewesen. Als Führer des Bataillons »Nachtigall« habe er Pogrome in Lemberg veranlaßt. Adenauer decke diesen »Wegbereiter des Hitler-Krieges und seiner Schrecken« und lasse ihn wieder den »Marsch gen Osten« proklamieren.[87] Diese Vorwürfe verfehlten ihren Zweck nicht. Da seit 1957 die »Vergangenheitsbewältigung« wieder populär wurde – dieser Ausdruck wurde damals geprägt –, mußte Oberländer unter dem Druck der DDR, aber auch dem bundesrepublikanischer und anderer westlicher Kritiker zurücktreten. Erst 1993 wurde er entlastet. Die Anschuldigungen waren propagandistische Verfälschungen. In ähnlicher Weise versuchte der Ausschuß für deutsche Einheit gegen den Staatssekretär im Bundeskanzleramt, Dr. Hans Globke, vorzugehen. Als Beamter des Reichsinnenministeriums hatte er als Mitautor einen Kommentar der Nürnberger Gesetze (1935) herausgegeben.[88] Trotz eines Pseudoprozesses in Ost-Berlin, der mit der Verurteilung Globkes in absentia zu lebenslänglicher Freiheitsstrafe endete, gelang es nicht, ihn von seiner Position als Staatssekretär zu verdrängen, obwohl die DDR-Angriffe in der Bundesrepublik, hier vor allem bei der SPD-Opposition, Widerhall fanden.

Als nächstes unternahm der Ausschuß für deutsche Einheit in der Broschüre *Eichmann: Henker, Handlanger, Hintermänner*[89] den Versuch, »SS-Henker« mit dem öffentlichen Dienst der Bundesrepublik in Verbindung zu bringen. Diesem Vorhaben diente auch die Veröffentlichung *Der ehrbare Mörder. Der General Adolf Heusinger.*[90] In *Belohnte Mörder und Gestapo- und SS-Führer kommandieren die Westberliner Polizei* (1961) wurden Namenslisten veröffentlicht, anhand derer man Generalbundesanwalt Wolfgang Fränkel 1962 vorwarf, daß er in der NS-Zeit an Todesurteilen beteiligt gewesen sei. Daraufhin mußte Fränkel von seinem Amt zurücktreten.[91] Wenngleich weder die politische Ordnung der Bundesrepublik noch das westliche Bündnis erschüttert wurde, hatten die SED und ihre Hilfsorganisationen durch den »Faschismus«-Vorwurf doch erreicht, daß eine ganze Reihe von Personen ihre Positionen räumen mußte und Dokumente aus Archiven der DDR von westdeutschen Politikern und Publizisten unkritisch übernommen wurden. Unter dem Vorwand, daß es sich um die Säuberung des öffentlichen Lebens von nationalsozialistischen Überresten handele, wurden die Argumente als akzeptabel betrachtet. Der »Antifaschismus« war ein durchaus partiell wirksames Instrument zur Verfolgung politischer Ziele. Für die DDR mehr als für die Sowjetunion haben die Antifaschismus-Kampagnen der Zementierung des eigenen Systems und der Abgrenzung von der Bundesrepublik Vorschub geleistet. Noch im August 1989 erklärte angesichts steigender Unzufriedenheit mit dem System Professor Otto Reinhold, Mitglied des ZK der SED und seit 1962 Rektor der Akademie für Gesellschaftswissenschaften: »Die DDR ist nur als antifaschistischer, als sozialistischer Staat, als sozialistische Alternative zur BRD denkbar.«[92]

2.3. Wirkung der Kampagnen auf das westliche Ausland

Als der Ost-West-Konflikt 1948 zum Kalten Krieg eskalierte, wurden beide Teile Deutschlands zunehmend in die Interessensphären der Vormächte eingegliedert. Sie waren nicht mehr ausschließlich Objekte der Weltpolitik, sondern gewannen nationalen Handlungsspielraum. Das Deutschlandbild wurde positiv. Als die Berliner Wahlen am 5. Dezember 1948 der SED trotz Blockade und Spaltung der Stadt eine schwere Niederlage bescherten und die politischen Parteien stärkten, die für die Bindung an den Westen eintraten, lobte Winston Churchill im Londoner Unterhaus das Wahlergebnis als Beweis für das »Wiedererstehen deutscher Charakterstärke«.[93] Ein Kommentator stellte fest, das deutsche Ansehen habe sich verbessert, weil in allen Zeitungen der Welt Berlin wegen seines Kampfes gegen eine neue Diktatur gerühmt werde, jenes Berlin, das noch vor wenigen Jahren als Symbol der Tyrannei galt.[94] Während dieser Zeit, also etwa von 1948 bis 1958, fanden die Antifaschismus-Kampagnen der Sowjetunion und der DDR in der Bundesrepublik und im gesamten Westen kaum ein Echo. Das änderte sich, als mit Chruschtschows Entstalinisierung ab 1956, mit der Politik der Koexistenz und mit der Umorientierung der amerikanischen Außenpolitik durch Kennedy ab 1961 sich die Ost-West-Spannungen deutlich verringerten.

Die Bundesrepublik, die auf der Wiedervereinigung und der vertraglich vereinbarten Unterstützung der Westmächte in dieser Frage beharrte und die allein durch ihre Existenz an Ost-West-Spannung und Kalten Krieg mahnte, wurde für die Westmächte zunehmend zum lästigen Verbündeten, zum Störfaktor bei der Entspannungspolitik. Daher suchte man Gründe, sich von ihr zu distanzieren. Es spricht für sich, daß die Dezemberausgabe des Jahres 1961 der amerikanischen Illustrierten *Look* (Auflage über sieben Millionen) einen Globus zeigte, über den der Schatten des Hakenkreuzes fällt. Ein fiktiver Bericht, »Wenn Hitler den Zweiten Weltkrieg gewonnen hätte«, von William L. Shirer enthüllte angebliche Pläne zur Versklavung des eroberten Amerika. Shirer behauptete, er habe Hitlers Geheimpläne für ein Terrorregime in England mit eigenen Augen gesehen. Über das den USA im Falle eines deutschen Sieges zugedachte Schicksal phantasiert er: »Präsident Roosevelt und sein Kabinett, fünfzig Kongreßabgeordnete, [...] Richter, Bürgermeister, Gewerkschafter, Kirchenleute, Professoren und Redakteure sind in Transportflugzeugen der Luftwaffe in Konzentrationslager nach Deutschland abgeflogen worden [...]. Siebenunddreißig Schriftsteller – unter ihnen Hemingway, O'Neill und Faulkner – wurden in einem Sonderflugzeug der SS nach Deutschland verfrachtet [...]. Die Zahl der in dem großen Vernichtungslager von New Jersey Vergasten ist nie veröffentlicht worden, doch Eichmann prahlte kürzlich mit fast fünf Millionen [...]. So unangenehm die japanische Besatzung im Westen ist, verglichen mit dem Regime der Nazideutschen ist sie milde [...]. Zehntausende unserer führenden Persönlichkeiten sind bereits im SS-Lager hingerichtet oder zu Tode gefoltert worden. Präsident Roosevelt ist im Konzentrationslager Dachau im Frühjahr 1945 einem Herzschlag erlegen. Aber eine Geheimbotschaft an sein Volk, die kurz vor seinem Ende durch den Stacheldraht geschmuggelt wurde, hat die sinkende Moral vieler Amerikaner wieder aufgerichtet.«[95]

Zur gleichen Zeit erschien das Buch *The New Germany and the Old Nazis* von T. H. Tetens, einem deutschen Emigranten, Anhänger des pazifistischen Pädagogen Friedrich Wilhelm Foerster. Tetens hatte bereits 1953 das Buch *Germany Plots with the Kremlin* veröffentlicht, in dem er den Amerikanern deutlich machen wollte, daß Deutschland unzuverlässig sei. Dem damaligen Zeitgeist entsprechend, wurde die Unzuverlässigkeit nicht in einer Renaissance des Nationalsozialismus gesehen, sondern in der Neigung der Deutschen, zwischen Ost und West zu schwanken und den Westen zugunsten des Ostens zu verraten.

Acht Jahre später hatten sich die Verhältnisse gewandelt; die deutschfeindliche Propaganda bediente sich jetzt der 1953 noch unpopulären antifaschistischen Stereotype.

Die Ausführungen von Tetens waren offenkundig durch Veröffentlichungen des Ausschusses für deutsche Einheit angeregt worden. Dieser Darstellung zufolge hätten die »Nazis« überall ein »geräuschloses Comeback« erlebt. »Vom Kanzleramt bis hinab in jedes Ministerialbüro, in Parteien, Länderparlamenten, Polizei, Schulwesen und Presse besetzten ehemalige Nazis ebenso viele Schlüsselpositionen wie in den mittleren und niederen Rängen von Bundes- und Länderregierungen.« Das Ministerium für gesamtdeutsche Fragen sei eine pangermanische Organisation mit unverhülltem Nazicharakter. Globke wird als Hitlers Testamentsvollstrecker dargestellt, die Bonner Republik sei von Hunderten nazistischer Organisationen übersät. In der Öffentlichkeit wurde das Buch unterschiedlich aufgenommen. Die *New York Times* hatte es zunächst kritisch, dann aber in einer zweiten Besprechung positiv rezensiert.[96]

Eine deutsche Beobachterin der amerikanischen öffentlichen Meinung stellte fest, daß diese zwar nicht von Deutschenhaß bestimmt sei und die negativen Stimmen aufgewogen würden durch andere, die der jungen deutschen Demokratie Glauben und Vertrauen schenkten, aber: »Mit Gewißheit läßt sich ein Wechsel in der Atmosphäre registrieren, der in den letzten zwei, drei Jahren [also seit 1958; Anm. d. Verf.] erfolgt ist. Nicht offiziell, doch in der allgemeinen Stimmung Deutschland gegenüber. Die vielen und unübersehbaren Hakenkreuze, die im Gefolge von Shirers Buch allerorten sprießen, tun schließlich ihre Wirkung [...]. Aus Shirers Buch, das nach über einem Jahr immer noch zu den meistgelesenen

Büchern der USA gehört, haben Millionen von Amerikanern, vor allem die Jugend, in spannend beschriebenen Einzelheiten erfahren, was unter Hitler in Deutschland vorging. Shirers These, daß diese Greuel ›typisch und unvermeidlich deutsch‹ seien, geht den Lesern dabei wie selbstverständlich ein. Zu dem Klimawechsel haben ferner beigetragen die Hakenkreuze an den deutschen Synagogen vor zwei Jahren, der Eichmann-Prozeß und schließlich die alten Filme, die jeden Abend über Millionen Fernsehschirme gehen. Da sie aus den dreißiger und frühen vierziger Jahren stammen, ist in ihnen der Bösewicht gewöhnlich ein SS-Mann, sprich: ein Deutscher. Eine Umfrage von 1958 stellte fest, daß Hunderte junger Amerikaner zwischen 14 und 19 Jahren mit dem Worte ›deutsch‹ die Begriffe ›Nazis – Krieg – Konzentrationslager – Verfolgung – Hitler‹ verbinden.

Als bestimmende Faktoren dafür gaben die Befrager die alten Kriegs- und Anti-Nazifilme an, die das Fernsehen verwertet und deren obere Datumsgrenze bei 1948 liegt. Entscheidend für das getrübte Deutschlandbild jedoch, das sich vielen Amerikanern neuerdings wieder stärker als zuvor eingeprägt hat, dürfte die Berliner Krise seit dem November 1958 sein, die ihnen die drohende Möglichkeit bewußt macht, über ausgerechnet einem deutschen Problem das eigene Leben riskieren zu müssen.«[97]

Der Gesinnungswandel der westlichen Meinungsführer läßt sich auch mit einem »München-Komplex« erklären. Obwohl mit Prag verbündet, hatten die Westmächte in der Sudetenkrise 1938 die Tschechoslowakei nicht nur nicht unterstützt, sondern zu ihrer Aufteilung sogar Beihilfe geleistet. Man hoffte, auf diese Weise den Krieg zu vermeiden. Da dies nicht gelang, konnte man das eigene, moralisch fragwürdige Verhalten durch nichts rechtfertigen. Daher bestanden um 1960 Hemmungen, einen Verbündeten ohne weiteres fallenzulassen, nur weil sich das weltpolitische Klima verändert hatte. Es bedurfte zusätzlicher Gründe, sich von der Bundesrepublik Deutschland zu distanzieren. Wenn der Nachweis gelang, daß die Deutschen an ihrem Schicksal selbst schuld waren, sich nicht geändert hatten und die Verbündeten in einen neuen Konflikt hineinzuziehen drohten, dann war die Voraussetzung gegeben, sich von den vertraglichen Verpflichtungen ohne weiteres distanzieren zu können.

Im September 1960 behinderte das DDR-Regime wegen einer Tagung des Verbandes der Heimkehrer in West-Berlin mehrere Tage lang den Verkehr auf den Zugangswegen. Die Reaktionen im westlichen Ausland waren bezeichnend. In der Londoner *Times* vom 1. September 1960 hieß es, die westlichen Regierungen könnten eine entschlossene Haltung nur in der Verteidigung von Grundsätzen einnehmen, denen auch ihre Wählerschaft zustimme. Dazu gehöre gewiß nicht, daß man wegen der Treffen irredentistischer Organisationen, die die Rückkehr jetzt unter polnischer oder tschechischer Verwaltung stehender Gebiete anstrebten, den Frieden gefährde. Dasselbe treffe wahrscheinlich auch auf den Vorschlag zu, eine Bundestagssitzung in Berlin abzuhalten. Das sei unnötig und provozierend. Die *Times* hielt es für ein Charakteristikum der Deutschen, eine gute Sache durch

Übertreibungen zu verderben. Die Sache der Berliner sei bislang gut vertreten worden. Wenn die Deutschen aber nicht wüßten, wo sie haltmachen sollten, begingen sie einen Fehler. Denn unter den Westmächten würde sich die Ansicht verbreiten, daß man ihre Verpflichtung gegenüber West-Berlin ausnutze. Von da sei es kein weiter Schritt zu der Überzeugung, daß der Einsatz nicht lohne.

Der Regierende Bürgermeister Willy Brandt erklärte wegen dieser und zahlreicher anderer Äußerungen auf dem »Tag der Heimat« am 3./4. September 1960, die östliche Hetzkampagne stelle einen Versuch dar, die Unlustgefühle des westlichen Auslandes auf das deutsche Volk zu konzentrieren. Doch die deutsche Jugend sei in ihrer überwältigenden Mehrheit vom Geist der Völkerfreundschaft durchdrungen. Revanchismus, Militarismus und Kriegshetze gehörten für sie genauso der Vergangenheit an wie für diejenigen, die in Deutschland die Verantwortung trügen. Manche Beobachter im Ausland schienen jedoch bei »der Suche nach Flecken einer braunen Vergangenheit so sehr in Anspruch genommen zu sein, daß sie kräftig blutig-rote Kleckse auf der anderen Seite« übersähen.[98]

Als Willy Brandt 1962 in London einen Vortrag hielt, wurde die Veranstaltung gestört und er als Kriegshetzer beschimpft. Er repräsentierte eine Stadt, die allein durch ihre Existenz und ihre politische Situation nach dem Mauerbau und im Jahr der Kuba-Krise Großbritannien in einen Konflikt hätte ziehen können. Insbesondere in England waren in jenen Jahren häufiger Äußerungen zu hören, die Zweifel an der Bereitschaft, im Ernstfall die

Schutzfunktion auszuüben, erkennen ließen. Eine britische Zeitung regte um 1958 an, doch am besten ganz West-Berlin in die Lüneburger Heide umzusiedeln. In einem *Spiegel*-Gespräch mit Henry Kissinger (11. Februar 1959) kam dieser Mentalitätswandel ebenfalls zum Ausdruck. Die Verpflichtungen in Deutschland und für Berlin waren für den Westen nicht mehr materiell belastend, wie noch Anfang der fünfziger Jahre. Aber sie wurden politisch lästig. Die antifaschistischen Argumente des Ostens wurden immer willkommener, weil sie eine Distanzierung begründen konnten.

Die internationale Entwicklung nach 1969 bis 1991 hat die Bündnistreue der Westmächte nicht auf die Probe gestellt. Die Wirkung der antifaschistischen Propaganda des Ostens auf meinungsführende Kreise des Westens ist aber unverkennbar. Eine Nebenwirkung der durch die dauernde Propaganda heraufbeschworenen antifaschistischen Stereotypen war, daß die Erinnerung an das NS-System gruselig interessante Gefühle weckte: Krieg, Konzentrationslager, Sadismus und Masochismus stellten sich als Kriminalstück dar, das nicht fiktiv, sondern Wirklichkeit gewesen war. Insbesondere in Amerika war pornographische Literatur unter der Tarnung des Antifaschismus verbreitet, der das niedere Geschäft moralisch schminkte. Die Anrüchigkeit der Pornographie wurde durch ein höheres moralisches Niveau kompensiert, wenn es um den Kampf gegen deutsche nationalsozialistische Greuel ging.[99]

Obwohl man beschwichtigend versichert, daß zwischen Nationalsozialisten und Deutschen unterschieden werde, geschieht das weder in der Praxis noch im Verständnis des Lesers und des Zuschauers. Filmserien wie *Hogan's Heroes* und *Rat Patrol,* die in den USA liefen, belegen das ebenso wie Dokumentarfilme des westlichen Auslandes, die sich mit der deutschen Vergangenheit befassen. Noch 1956 gelang es der Bundesregierung, die Vorführung des Auschwitz-Films von Alain Resnais, *Nacht und Nebel,* auf den Filmfestspielen von Cannes zu verhindern, da die Gleichsetzung von Nationalsozialisten und Deutschen befürchtet wurde. Im Jahre 1963 bemühte sich der damalige CDU-Bundestagsabgeordnete Dr. Berthold Martin auf einer Tagung französischer, italienischer und deutscher Filmproduzenten in Paris, darauf hinzuwirken, daß in Italien keine deutschfeindlichen Filme mehr gedreht würden. Der Verband der italienischen Filmautoren ließ daraufhin wissen, daß jede Entscheidung, die Herstellung antinazistischer Filme einzustellen, auf die klare Ablehnung all seiner Mitglieder treffen werde. Denn damit würden die Meinungsfreiheit und das Recht auf freien Austausch der Gedanken eingeschränkt. Jede Initiative der Filmproduzenten, die auf diesem Gebiet zu Beschränkungen führte, wäre eine Verletzung der von der Verfassung garantierten Freiheitsrechte.

Die internationalen antifaschistischen Kampagnen bewirkten, daß sich das Wort »Faschismus« von seinem Inhalt zu lösen begann und ein Synonym für alles Böse wurde. Als Hilfsmittel zur Diffamierung politischer Gegner machte der Begriff eine internationale Karriere. Zum Beispiel bezichtigten nach der demütigenden Niederlage im Sechstagekrieg 1967 arabische Autoren den Staat Israel, ein Hort des Nazismus bzw. Faschismus zu sein. Man wies auf eine Zielidentität von Nationalsozialisten und Zionisten hin, denen übereinstimmend daran gelegen habe, Deutschland judenfrei zu machen und die Auswanderung nach Palästina zu fördern. Das habe folgerichtig zur Zusammenarbeit beider geführt.

»Faschismus« ist als Kampfbegriff sehr zweckdienlich, da er sich traditionellen Feindbildern wie Imperialismus und Kolonialismus an Wirkung und Schlagkraft überlegen zeigt. Israel wurde von der Gleichsetzung mit Nationalsozialismus und Faschismus besonders getroffen.[100]

2.4. Rechtsextremismus und Deutschenfeindlichkeit in der DDR

Antifaschismus war für die SED und damit für die DDR Daseinsberechtigung und Staatsdoktrin, die in ihrer Bedeutung noch vor dem Sozialismus rangierte. In der Spätzeit der DDR und nach ihrem Ende erwies sich der Antifaschismus als eine nützliche Methode, den ideologisch und politisch heimatlosen und desorientierten SED-Funktionären und ihrer verbliebenen Gefolgschaft ein Auffangnetz, eine Rückzugsposition zu bieten. Stets ging es darum, der Gefahr eines neuen, bedrohlichen »Faschismus« entgegenzutreten.

Jahrzehntelang hatte die Propaganda der DDR und des gesamten Ostblocks auf die Bundesrepublik und den gesamten Westen gezeigt und behauptet, dort bestehe die Gefahr eines erneuten »Faschismus«, wohingegen er im Bereich des »real existierenden Sozialismus«, insbesondere in der DDR, mit seinen sozioökonomischen und ideologischen Wurzeln ausgerottet sei. Um so größer war das Erstaunen, als in den achtziger Jahren, bereits vor der »Wende«, gelegentlich Nachrichten in den Westen drangen, daß es auch in der DDR antisemitische und fremdenfeindliche Aktionen gebe und sich dort »Skinheads« mit »faschistischen« Symbolen gezeigt hätten. Die Behauptung, der »Faschismus« sei in der DDR ausgemerzt, schien widerlegt.

Alsbald setzte die Suche nach Erklärungen ein, dissonant, von gegenseitigen Schuldzuweisungen geprägt und – wie bei einer Vergangenheitsbewältigung üblich – nicht nur vom Willen zur Aufklärung getragen, sondern in der Absicht vorgebracht, die eigene Position zu rechtfertigen und den jeweiligen politischen Gegner für die Mißstände verantwortlich zu machen. Die FDJ-Zeitung *Junge Welt* kommentierte die Verurteilung von Skinheads im Mai 1988 mit der Bemerkung, »nicht ein einziger Jugendlicher in der DDR wäre vermutlich auf die Idee gekommen, sich die Haare stoppelkurz zu scheren, sich eine Bomberjacke überzustreifen und in Schnürstiefeln oder Doc-Martens-Schuhen mit Stahlkappen zu schlüpfen, wenn es dafür nicht Vorlagen in Westeuropa gäbe«. Es handele sich nicht um ein sozialistisches Entwicklungsproblem, sondern um einen Westimport. Bereits vorher hatte die *Berliner Zeitung* (Ost-Berlin) die Mauer, den »antifaschistischen Schutzwall«, mit dem Hinweis gerechtfertigt: »Jeder kann sich vorstellen, was sich hier alles tummeln würde, gäbe es keine sichere Grenze.«[101]

Mitte der achtziger Jahre setzte der ideologische Verfall ein. Eine zunehmende Abkehr von sozialistischen Werten entfremdete die Jugendlichen dem gesellschaftlichen System der DDR und öffnete sie für nicht-, ja gar antisozialistische Ideen.[102] Dies wurde durch eine Analyse bestätigt, die das Ministerium für Innere Angelegenheiten der DDR (das ehemalige Ministerium des Inneren) noch zur Zeit der Regierung Modrow Anfang Januar 1990 vorlegte: »Anfänge neonazistisch orientierter Gruppierungen wurden seit 1980/81 festgestellt. Es gab keinen Direktbezug zu Kriegsverbrechern und Altnazis. Diese Anfänge verbinden sich mit Skinhead-Gruppierungen und sogenannten ›Nazi-Punks‹ in der DDR. Hauptaktivitätsphasen der Skinhead-Gruppierungen in der DDR waren die Jahre 1984 bis 1987.«[103]

Das Leipziger Zentralinstitut für Jugendforschung hatte seit 1987 dem »Neofaschismusproblem« großes Interesse entgegengebracht, obwohl zu dieser Zeit Veröffentlichungen über dieses Thema nicht möglich waren. Immerhin wurde zugestanden, daß Ende 1989, aber noch vor der Wende, zwei Prozent der DDR-Jugendlichen nach rechts außen tendierten.[104]

Das Problem des Rechtsextremismus in der ehemaligen DDR wäre nicht erwähnenswert, wenn diejenigen, die sich zu diesem Gedankengut bekannten, nicht Erziehungsprodukt eines Systems wären, das 40 Jahre lang eine intensive »antifaschistische« Beeinflussung betrieb, die auch das Bildungssystem durchdrang, so daß niemand sich ihm entziehen konnte. Das legt die Frage nach den Gründen nahe. Die Antwort muß selbstverständlich über die nicht unzutreffende, jedoch vordergründige Erklärung hinausgehen, daß westlicher Einfluß motivierend gewirkt habe.

Nach der Wende gab es in der DDR sogar bei Vertretern der SED selbstkritische Einschätzungen. Der staatlich verordnete, phrasenhafte »Antifaschismus« und die ständig wiederholte Behauptung, auf dem Gebiet der DDR sei der »Faschismus« ausgerottet, seien oberflächlich gewesen, hätten persönliche Betroffenheit vermieden und zu Abwehrreaktionen geführt. Die Ablehnung des sichtlich stagnierenden SED-Systems habe – zum Teil als Provokation gedacht – die Hinwendung zu gegensätzlichen Ideologien bewirkt. Zu den sozialen Gründen des Rechtsextremismus wurde die zunehmende Erstarrung des DDR-Systems ab Mitte der siebziger Jahre gezählt. Die Gesellschaft sei durch zunehmende Reproduktion der Berufsgruppen gekennzeichnet gewesen und habe insbesondere die Aufstiegschancen der Arbeiterschaft vermindert.[105]

Es liegt auf der Hand, daß diffuse Unzufriedenheit und Protestbereitschaft bei einem sich als links verstehenden System nach rechts gehen mußten. Die gesellschaftlichen Erklärungsversuche stehen in enger Verbindung mit den psychologischen. Politische Apathie, Gängelung und Langeweile, gekoppelt mit unklaren Zukunftsaussichten, stellte der Filmemacher Konrad Weiß bereits vor der Wende fest, bezeichnenderweise nicht in einer DDR-Publikation, sondern in der Warschauer Wochenzeitung *Polityka:* »Die meisten hiesigen Jugendlichen haben keine Vorbilder, sie leben in den Tag hinein und sind unreif. Sie haben keinerlei Vorstellungen, wie sie ihr Leben einrichten sollen! Anders dagegen die Rechten: Sie sind stolz, daß sie etwas wollen, daß sie ein Ziel im Leben haben und Ideale.« Ferner nennt er Kameradschaftsgeist, Mutproben und soldatische Werte wie Disziplin, Gehorsam, Ausdauer, Verläßlichkeit.[106]

Nach der Wende kamen Wissenschaftler der Humboldt-Universität zu einer ähnlichen Deutung: »Junge Erwachsene und Jugendliche, bei denen ethisch-humanistische Verhaltensdispositionen im Laufe ihrer Sozialisation defizitär geblieben sind, sind eher bereit, die irrationalen Werte und Normen der rechtsextremen Ideologie aufzunehmen. Erleichtert wird dies, wenn Anknüpfungspunkte für Identifikationen vorliegen, die durch konkrete Wertorientierungen vermittelt werden. So stellt z.B. die Verherrlichung der Kameradschaft bei Jugendlichen, die bisher nur eine gewisse Isolierung oder soziale Kontaktarmut erlebt haben, einen wichtigen Ansatzpunkt dar, auf dem sich die Glorifizierung von Macht und Stärke zur Erlangung von gesellschaftlichem Ansehen und Prestige aufbauen kann.«[107]

Andere Autoren versuchten, zur Erklärung des Rechtsextremismus gesellschaftliche, psychologische und historische Motive zu verbinden. In der DDR habe es eine autoritäre Erziehung nach den Prinzipien Ordnung, Gehorsam und Unterdrückung der Gefühle gegeben, die für das Entstehen von Frustrationen und Aggressionen unter Jugendlichen verantwortlich sei. Dies spiegele sich bei den Skinheads wider, deren Gruppen nach Stabilität und Geschlossenheit strebten. Da Fremde und Außenstehende als

Bedrohung empfunden würden, entstehe leicht ein Feindbild, auf das sich Haß und Aggressivität lenken ließen.[108]

Historisch orientiert ist der Versuch, aus den »preußischen Tugenden« wie Ordnung, Sauberkeit und Disziplin, aus der Tatsache, daß das System der SED undemokratisch war und Untertanengeist und sturen Gehorsam forderte, Rechtsextremismus abzuleiten.[109] Eine solche Auffassung vertrat auch Konrad Weiß: »Faschistische Traditionslinien, personelle wie strukturelle, finden sich auch im sozialistischen Staat. Selbst bei denen, die eine ehrliche Umkehr vollzogen haben, blieben im Unter- und Unbewußten Spuren des Dritten Reiches. Vieles an unserer Alltagssprache verrät das. Unsere Alltagskultur wurde nicht völlig entnazifiziert. Nicht das Individuum, das Einmalige, steht zuoberst auf der Werteskala, sondern die Masse, das Allgemeine. Nicht Originalität und Innovationen haben den höchsten Stellenwert, sondern Unterdrückung und Konvention. Nicht Widerspruch und Kritik sind wirklich geschätzt, sondern Anpassung und Duckmäusertum.«[110]

Das Anziehende am Rechtsextremismus ist offenbar, daß er systemoppositionell ist, und zwar fundamental, sowohl gegenüber dem zusammengebrochenen Sozialismus als auch gegenüber der westlichen parlamentarischen Demokratie. Damit spricht er alle an, die sich in diesen Ordnungen unbehaglich fühlen. Der Rechtsextremismus negiert jedoch nicht nur die bestehende Ordnung, sondern bietet eine Alternative. Askese, Opfermut, das Harte, Hingabe an ein Ideal sind rechtsextreme Werte, die es auch im Sozialismus gegeben hat. Darin unterscheidet er sich vom westlichen Hedonismus, der

2. DER ANTIFASCHISTISCHE STAAT

die Bequemlichkeit und die »Selbstverwirklichung« als höchste Werte preist.

Nach einer »universalhistorischen« Deutung kurz nach der Wende war der Rechtsextremismus eine Reaktion auf die Umbruchsituation, in der man sich befand, auf die Ungleichzeitigkeit der naturwissenschaftlich-technischen, ökonomischen und politischen Entwicklung. »Im vereinten Deutschland prallen zwei Gesellschaften mit einem unterschiedlichen Lebensrhythmus aufeinander, die nur langsam synchronisiert werden dürften. Aus dieser ›Ungleichzeitigkeit‹ (Ernst Bloch) der Entwicklung erwachsen soziale Widersprüche, regionale und Strukturbrüche, die den Rechtsextremismus tendenziell begünstigen. Das Erfolgsgeheimnis des Rechtsextremismus – wie des historischen Faschismus – liegt in dem Versprechen begründet, solche Ungleichzeitigkeiten dadurch zu beseitigen, daß die Zeit – wenn es sein muß, mit elementarer Gewalt ›stillgelegt‹ wird. Die Bundesrepublik befindet sich gegenwärtig im Übergang von einer klassischen Industrie- zur ›Risikogesellschaft‹ (Ulrich Beck), die weiterhin auf der Grundlage privatkapitalistischer Eigentums- und Konkurrenzverhältnisse funktioniert, aber durch einen umfassenden Modernisierungsprozeß, Individualisierungsschübe und Anonymisierungstendenzen charakterisiert wird. Wunschvorstellung vieler Menschen ist dagegen ein Kapitalismus ohne (die negativen Begleiterscheinungen der) Konkurrenz als Bewegungsform der Subjekte in einer bürgerlichen Leistungsgesellschaft, bei dem sie die Segnungen der im Vergleich zur bürokratischen Zwangswirtschaft besonders effizienten Marktwirtschaft genießen könnten, ohne die Auswirkungen und Folgen seiner Wolfsgesetze [...] ertragen zu müssen.«[111]

Aus allen diesen Deutungen folgt, daß der Rechtsextremismus in erster Linie gesellschaftliche Gründe hat. Seine Erklärung kann sich infolgedessen nur auf die Kombination gesellschaftlicher, psychologischer und historischer Argumente stützen. Die Behauptung, die gegen den Rechtsextremismus gerichteten Maßnahmen in der DDR seien nicht nur wirkungslos geblieben, sondern hätten sogar das Gegenteil bewirkt, führt zu der Frage, welche Gegenmaßnahmen denn für besser, wirkungsvoller und angebracht gehalten werden.

Viele gutgemeinte, aber abwegige Vorstellungen wurden und werden vor allem von linken Intellektuellen vorgebracht. Bereits vor der Wende hatte die Schriftstellerin Christa Wolf beanstandet, die Schulbücher in der DDR wüden zwar Fakten wiedergeben, aber nicht dazu anleiten, mit den Opfern zu fühlen. Ganz in diesem Sinne forderte ein von der evangelischen Kirche getragenes Kolloquium in Güstrow im Januar 1989, auf Feindbilder zu verzichten und Schulbücher entsprechend zu ändern. Die Urteilsfähigkeit müsse geschärft werden, um die Menschen zur Gestaltung eines friedlichen Zusammenlebens zu motivieren. Die Schüler dürften nicht mehr nur Erziehungsobjekte sein. Es komme auf eine Erziehung zur Mitverantwortung an.[112] Andere setzten die Hoffnung auf vorbildliches Verhalten: »Erst wenn wir vorleben: Einen gleichberechtigten, warmherzigen Umgang z.B. mit unseren ausländischen Mitbürgern, eine rückhaltlose emotionale Auseinandersetzung mit der Geschichte, wenn wir Konfliktbereitschaft zeigen und Fähigkeit, Konflikte gewaltfrei zu lösen, wenn wir gelernt haben, alternative Lebensformen und -konzepte nicht als Bedrohung, sondern als Bereicherung zu empfinden, wenn wir uns zu einer Gemeinschaft humanistisch gebildeter, sich solidarisch verhaltender Menschen entwickelt haben, in der der einzelne, das Besondere einen hohen Stellenwert haben, erst dann haben wir dem Rechtsradikalismus, dem Faschismus die eigentlichen Grundlagen entzogen.«[113] Wieder andere sahen die Lösung vor allem in politischen und sozialpolitischen Maßnahmen. Es komme auf die Schaffung einer »Zivilgesellschaft«, eines gesamtdeutschen Sozialstaates und einer modernen Vielvölkerrepublik an. Notwendig seien ein Bürgergehalt, ein garantiertes Mindesteinkommen bzw. eine allgemeine Grundsicherung, wodurch sich die Risiken der materiellen Konkurrenz und die politischen Erfolgschancen des Rechtsextremismus verringern würden.[114]

Alle diese Erklärungen sind genauso einseitig und abwegig wie die Behauptung, die staatlich verordnete Vergangenheitsbewältigung der DDR habe persönliche Betroffenheit abgewehrt und sei damit lediglich vordergründig gewesen. Die angeblich individualisierende, emotionale und »kritische« Vergangenheitsbewältigung in Westdeutschland hat rechtsextreme Parteien, Skinheads, Fremdenfeindlichkeit und andere Erscheinungen einer rechtsextremen Subkultur auch nicht verhindern können.

Seriöse Analysen deuteten den aufkeimenden Rechtsextremismus aus der Geschwindigkeit des gesellschaftlichen Umbruchs. Nach 1989 wurde von den ehemaligen Mitgliedern eines autoritären Systems plötzlich eine aktive Lebensgestaltung erwartet. Daraus folgte eine Entsolidarisierung bisheriger Formen der Gemeinschaftsbildung und Daseinsfürsorge durch Organisationen, die bis dahin das gesamte Leben erfaßt hatten. Der Meinungspluralismus brachte den Zwang zur Selbstentscheidung; soziale Unsicherheiten wie Arbeitslosigkeit und Firmenzusammenbrüche spielten eine bedeutende Rolle, obwohl sie keineswegs von erstrangigem Einfluß waren, wie oft behauptet wurde. Der versprochene wirtschaftliche Aufschwung ließ auf sich warten, auf der anderen Seite war die Ablehnung des SED-Systems tief verankert. Man nahm – auch um damit zu provozieren – die diametral entgegengesetzte, also rechtsextreme Position ein.[115]

Andere, eher polemische Deutungen sahen den damaligen Rechtsextremismus in den Traditionen der deutschen Geschichte begründet. Der DDR-Sozialismus sei autoritär gewesen, deshalb liege es nahe, neue Autoritäten zu suchen und von der SED, der Staatssicherheit und der Nationalen Volksarmee zu rechtsextremen Parteien zu wechseln, die ebenfalls ein geschlossenes Weltbild, Sinngebung und politische Ziele vermittelten. So wurde auf ehemals rote Funktionäre hingewiesen, die »linientreu« gewesen seien, sich nunmehr aber rechten oder rechtsextremen Gruppen angeschlossen hätten. Der »wahre« Sozialismus dagegen sei nicht »preußisch« und »obrigkeitsstaatlich« wie in der DDR, sondern anarchistisch-libertär, antikapitalistisch und ohne Hierarchie. Die Kritik am SED-System war also in diesen

Fällen nicht wissenschaftlich, sondern ideologisch fundiert, und zwar von links. Der utopische Sozialismus, der das linke Herz erwärmte, sollte anders, besser sein. So konnte gleichzeitig das SED-System abgelehnt und die sozialistische Utopie gerettet werden.

Viele westliche Stimmen äußerten sich vor 1989 positiv zur DDR und ihren Grundwerten. Gerade der Antifaschismus war für westliche Sozialisten, Gewerkschafter, Kirchenvertreter, Friedensfreunde und »Progressive« in besonderem Maße moralische Grundlage für eine Kooperation. Als die Überzeugungskraft des Marxismus-Leninismus sank, nahm die Legitimationsfunktion des Antifaschismus vor der Wende noch zu. Im Januar 1989 wurde in Bremen unter dem Motto »Leben und Lieben. Dem Haß keine Chance. Gemeinsam gegen Neofaschismus und Rassismus« ein Aktionsbündnis gegründet, das die Vernetzung und Verbreitung einer bundesweiten antifaschistischen Bewegung zum Ziele hatte. Beteiligt waren die Aktion Sühnezeichen, die Jungsozialisten, die IG-Metall-Jugend, die Vereinigung der Verfolgten des Naziregimes (VVN) und die Grünen. Eine besonders wichtige Rolle spielten die DKP und ihre Jugendorganisation, die Sozialistische Deutsche Arbeiterjugend (SDAJ).

Am 11./12. Februar 1990, also nach der Wende, fand die zweite bundesweite »Aktionskonferenz gegen Neofaschismus und Rassismus« in Frankfurt am Main statt. Sie endete mit einem Eklat. DKP und SDAJ, an deren Beteiligung früher niemand Anstoß genommen hatte, wurden auf Verlangen der DGB-Jugend und der Jusos ausgeschlossen, weil stalinistische Positionen nicht – ebenso wie rassistische oder sexistische – in »antifaschistischen« Bündnissen vertreten sein dürften. Im Eifer der »Wende« hatten sich DGB und Jusos dem Antitotalitarismus angenähert. Man darf vermuten, daß dies nicht rational, sondern emotional geschah. Darüber kam es zum Bruch, so daß Aktion Sühnezeichen, Jusos und IG-Metall-Jugend die Konferenz verließen. Da »antifaschistische« Arbeit ohne Beteiligung der Gewerkschaften für unmöglich erachtet wurde, scheiterte die Konferenz. Bis zum 9. April 1990 brauchten einige Teilnehmer, darunter ehemalige VVN-Funktionäre, um sich vom Schrecken zu erholen, so daß sie erst mit Verspätung eine theorielastige Rechtfertigung zustande brachten.[116] Die Konferenz war von der Stadtverwaltung Frankfurt unterstützt worden, und zwar vom Amt für multikulturelle Angelegenheiten; auch der damalige Oberbürgermeister Volker Hauff hatte teilgenommen. Die Aufarbeitung des Debakels betonte den antikapitalistischen Charakter des »Antifaschismus«. Sie verband den »Antifaschismus« mit der Ablehnung der Wiedervereinigung und trat für den Erhalt der sozialistischen DDR ein.

Mit der Verbindung von Antistalinismus und »Antifaschismus« hat es scheinbar eine Annäherung an den Antitotalitarismus gegeben. Scheinbar deshalb, weil die Grundhaltung eine anarchistisch-libertäre ist. Die Toleranz bleibt repressiv, sie erstreckt sich nur auf die Linke. Alles, was nicht antikapitalistisch ist, wird ausgegrenzt und bekämpft. Die Reaktion der Linken auf das Ende der »antifaschistischen« DDR war hilflos. Der theoretische Gehalt des DDR-»Antifaschismus« wurde aufgegeben zugunsten eines diffusen Antikapitalismus und einer allgemeinen humanitären Haltung, die sich gegen Faschismus, Rassismus, Imperialismus, Sexismus und Krieg richtet. Die Mobilisierungskraft eines derartig emotional begründeten »Antifaschismus« ist abhängig von der Existenz eines mehr oder weniger virulenten Rechtsextremismus. Je stärker der Rechtsextremismus scheint, desto klarer ist die eigene Daseinsberechtigung.

Ausländerfeindliche Gewalttaten veränderten seit November 1992 das politische Klima Deutschlands. Politiker, Medien und große Teile der Bevölkerung stellten sich gegen die Gewalt. Wir wären allerdings nicht in Deutschland, wenn es nicht falsche Töne, Hysterie, Übertreibungen und Versuche von Manipulation und Mißbrauch gegeben hätte. Einseitig wurde die rechtsextreme Gewalt angeprangert. Die Tatsache, daß die extreme Linke zwei Jahrzehnte lang das Monopol an Gewalttätigkeit besessen hatte, verdrängte man. – Beide Spielarten des gewalttätigen Extremismus sind gleichermaßen kriminell, wobei allerdings nach wie vor Planung, Logistik, Technik und intellektuelle Unterstützung den linken Terrorismus als gefährlicher ausweist.

Die meisten rechtsextremen Taten wurden aufgeklärt, die Täter dingfest gemacht; sie befanden oder befinden sich zum Teil in Haft. Bei linksextremen Morden wie denen an Detlev Karsten Rohwedder oder Alfred Herrhausen hingegen sind die Täter noch immer nicht ermittelt worden. Das Wort von den sich gegenseitig hochschaukelnden Extremen bewahrheitet sich voll und ganz – immer wieder. Für die 1989/90 zusammengebrochene, desorientierte Linke waren die rechtsextremen Aktivitäten geradezu ein Geschenk. Konnten sie doch damit ihr geknicktes Selbstbewußtsein aufrichten, indem sie sich als die wahren, die konsequenten Antifaschisten darstellten, die schon immer gewußt hätten, daß die etablierten politischen Kräfte im Kampf gegen den »Faschismus« versagen würden, wenn sie nicht sogar heimlich mit ihm paktierten.

Wie in der Vergangenheit dient der »Antifaschismus« als Volksfrontkitt, um sehr verschiedenartige politische Richtungen und Einzelpersönlichkeiten zusammenzubringen. Alte, unbelehrbare SED-Kader, Reformkommunisten (beide in der PDS, später Die Linke, vertreten), Anarchisten (die sogenannten Autonomen), Liberale, Christen und Gewerkschafter finden sich unter dem moralischen Vorzeichen des Kampfes gegen Rassismus, Ausländerfeindlichkeit und Intoleranz zusammen. Aus der Asche der Niederlage von 1989/90 tauchte eine Volksfront auf antifaschistischer Basis auf. Linksextreme gewinnen mit dem Hinweis auf die »faschistische Gefahr« auf Personen Einfluß, die offene linksextreme Propaganda ablehnen würden. Unter dem Vorwand des »Antifaschismus« kommt es aber zu Aktionsgemeinschaften, die Teile der Medien, der Kirchen und der etablierten Parteien umfassen. Alle sogenannten bürgerlichen Kräfte werden des Faschismus verdächtigt. Die Akzeptanz des Linksextremismus reicht bis hin zu Verbrechen, die mit »Antifaschismus« moralisch gerechtfertigt werden. Die Linksextremen begründen ihre kriminellen Aktionen u.a. mit der These, Staat und »Bullen« hätten kein Interesse an der Zerschlagung von Naziparteien. »Darum müssen wir das selbst tun!!! Die antifaschistische Selbsthilfe praktizieren!!!« An anderer Stelle heißt es: »Ohne Militanz bleibt Antifaschismus zahnlos.«

Ziel antifaschistischer Angriffe ist alles Nichtsozialistische. Man will nach wie vor ein sozialistisches bzw. kommunistisches System errichten. Nach einem Anschlag auf die CDU-Landesgeschäftsstelle am 27. Juli 1992 hieß es u.a.: »Bis wir uns aber nicht in die Lage versetzt haben, tatsächlich wirkungsvolle antirassistische Arbeit leisten zu können, in der auch militante Aktionen und Reaktionen ihren Platz haben, halten wir es für notwendig, wenigstens öffentlich Position gegen nationalistisches, faschistisches und rassistisches Handeln und Denken zu beziehen [...]. Es ist höchste Zeit, [...] maßgeblich Verantwortliche an der Pogromstimmung anzugreifen. CDU ist nur ein Beispiel!« Bezeichnend für die Motivation politischer Gewalt ein Bekennerschreiben aus demselben Jahr: Berliner Antifaschisten äußerten sich nach einem antifaschistischen Brandanschlag auf einen Jugendclub in Berlin-Marzahn am 3. September 1992: »Friede den Flüchtlingsheimen – Krieg den Schuldigen für Wohnungsnot und Arbeitslosigkeit!! Hinter dem Faschismus steht das Kapital!! Für den Kommunismus!«[117] Die Funktion des Rechtsextremismus nach 1990 liegt also vor allem darin, daß er seinen Gegnern den Vorwand zur Mobilisierung bietet, Emotionen, Aktionen und vor allem ausländische Reaktionen auf sich zieht und damit zur politischen Polarisierung in Deutschland beiträgt.

Der alltägliche »Antifaschismus« hat eine antideutsche Komponente, die von der veröffentlichten Meinung gerne verdrängt wird. Nicht erst seit der Wiedervereinigung gibt es zahlreiche in- und ausländische Stimmen, die vor einem »Großdeutschland« oder »Vierten Reich« warnen. Versuche, die Deutschen und ihre Geschichte in eine »faschistische« Kontinuität zu setzen, sind nicht neu. In der italienischen Filmzeitschrift *La Fiera del Cinema* äußerte sich der italienische Regisseur Fernaldo Di Giammatteo im Februar 1963 über seinen geplanten Dokumentarfilm »Fünfzig Jahre deutsche Kriege«: »Als ich die deutsche Geschichte und Kulturgeschichte studierte und die wirtschaftliche und soziale Entwicklung Deutschlands analysierte, ist mir klar geworden, daß das Leben in Deutschland unter allen seinen Aspekten im Hinblick auf gegenwärtige oder zukünftige Kriege organisiert ist. Die Deutschen sind ein Volk, das seit Jahrhunderten den Mythos von seiner rassischen Überlegenheit kultiviert und nach einem Führer sucht, der ihm die Eroberung einer entsprechenden Hegemoniestellung in Europa ermöglicht.«[118]

Die politisch und publizistisch tonangebenden Kreise Deutschlands reagierten hilflos. Noch 1956 wurde versucht, antideutsche Filme und Veröffentlichungen zu verhindern. Danach trat eine allmähliche Anpassung ein. Entgegenkommen und Nachgeben sollten den deutschfeindlichen Angriffen, insbesondere wenn sie »antifaschistisch« getarnt auftraten, die Spitze nehmen. Eindringlich beteuerte man das Wohlverhalten und die Zuverlässigkeit der Deutschen; symbolische Gesten und finanzielle Zuwendungen unterstützten das verbale Entgegenkommen. Man bagatellisierte die Deutschfeindlichkeit. Mit Ergebnissen empirischer Umfragen wurde das positive Deutschlandbild im westlichen Ausland belegt. Gutes Zureden schien die einzige Möglichkeit, auf die Anwürfe zu reagieren.

Besondere Aufmerksamkeit verdienen jene Deutschen, die bereit sind, die antideutschen Vorurteile des Auslandes zu nähren. Unzutreffend werden deren Ansichten als »deutscher Selbsthaß« bezeichnet. Bei einem echten Selbsthaß müßte sich die Abneigung gegen das Subjekt selbst richten. Wir haben es aber mit einem Haß gegen »die anderen« zu tun. Schon Kurt Tucholsky sagte, es gebe zwei Deutschlands: das traditionelle des Kaiserreiches, der konservativen Militärs, der Bourgeoisie und der Bürokratie, und das linke, progressive, liberale, sozialistische und kommunistische, das »bessere Deutschland«. Die linke Kritik richtet sich gegen deutsche Traditionen, die autoritär, obrigkeitsstaatlich, kleinbürgerlich, antidemokratisch und ausländer- oder minderheitenfeindlich seien. Aus der Abgrenzung gegen die schlechten, das heißt rechts stehenden Deutschen gewinnen die moralisch »guten Deutschen« ihr Selbstbewußtsein. Der Haß der Linken richtet sich gegen das »andere Deutschland«. Diese Form der Ablehnung kommt vor allem von Intellektuellen, Schriftstellern und hedonistisch eingestellten Bildungsbürgern. Wortgewandt vertritt dieser Personenkreis seit dem 19. Jahrhundert ideal-utopische Gesellschaftsvorstellungen und hat ein distanziertes Verhältnis zur politischen Realität. Ein Sendungsbewußtsein im »Dienst an der Menschheit« und eine vehemente Ablehnung der Nation, die als rechts, konservativ, autoritär gilt, bilden die Grundlagen ihrer politischen Anschauungen. Da die Mehrheit des Volkes nicht so will wie diese Intellektuellen, sondern materielle Güter, Wohlstand und soziale Sicherheit Menschheitsidealen vorzieht, fühlen sich die Intellektuellen ausgegrenzt und reagieren mit Ablehnung der ungeliebten Mitbürger, was zu ihrer weiteren Isolierung beitragen kann.[119]

Die Wiedervereinigung wurde von zahlreichen Intellektuellen abgelehnt, da sie die – in ihren Augen – negativen deutschen Traditionen fortsetzte. Am 18. Dezember 1990 erklärte Gregor Gysi in der *New York Times,* daß »Großdeutschland« einen Sieg der Rechten in Deutschland bedeute und die Linke an den Rand der Gesellschaft zwingen werde.[120] Erich Kuby behauptete, es gebe in der deutschen Geschichte eine Gesetzmäßigkeit, die Deutschland von anderen Nationen unterscheide. Das wiedervereinigte Deutschland werde sich wie das bismarckische, wilhelminische und nationalsozialistische Deutschland verhalten; Machtentfaltung, Aggression und Rücksichtslosigkeit seien deutsche Konstanten, die nur zeitweilig verborgen geblieben seien. Wegen seiner Andersartigkeit sei das deutsche Volk für die Nachbarn bedrohlich.[121] Jürgen Habermas, Günter Grass und andere Vertreter der politischen Linken äußerten sich ähnlich.[122] Die Gewalt gegen Ausländer und Asylbewerber Anfang der 1990er schien diese Prognosen zu bestätigen. Die Kritiker konnten sich bestätigt fühlen – hatten sie es doch längst gesagt und gleich gewußt!

Vom 11. bis 13. Juni 1993 fand in Hamburg der Kongreß »Was tun? Bedingungen und Möglichkeiten linker Politik und Gesellschaftskritik« statt. Als Veranstalter dieser Tagung, deren Titel bezeichnenderweise von Lenin entlehnt war, trat die Zeitschrift *konkret* auf. Teilnehmer waren zahlreiche linke und linksextreme Personen und Gruppen, darunter die damalige PDS und die angeblich 1991 aufgelöste Marxistische Gruppe. Den Erfolg des Kongresses schätzte das *Neue Deutschland* so ein: »Nein, eine Linke in Deutschland gibt es nicht und wird es in absehbarer Zeit auch nicht geben. Auch keinen Minimalkonsens über gemeinsame antifaschistische Aktionen. Das Sektendasein geht weiter, zu wohl fühlt man sich in der eigenen Nische.«[123] Das »Auftaktplenum« stand unter dem Motto »Nein, wir lieben dieses Land und seine Leute nicht«. Der *konkret*-Herausgeber Hermann L. Gremliza sah im deutschen Nationalcharakter die Ursache für den Rassismus und die Pogromstimmung in der BRD.[124] Zwar wurde dieser Ansicht auch widersprochen; sie ist aber doch bezeichnend für die sektiererische Verranntheit und Ideenlosigkeit der extremen Linken. Deutsche »Antifaschisten« vertreten – vielleicht ohne Kenntnis des Zusammenhangs – eine These der antideutschen Propaganda des Zweiten Weltkrieges: Der Nationalsozialismus sei das zwangsläufige Ergebnis autoritärer, kriegerischer, obrigkeitsstaatlicher, antiliberaler Tendenzen der deutschen Geschichte. Für die »progressiv«-hedonistischen Intellektuellen stellt der ordnungsliebende, autoritätshörige, aggressive, »ausländerfeindliche« Deutsche den Gegentypus des progressiven Ideals dar. Der »Antifaschist« wird damit automatisch zum Gegenbild deutschen Wesens, deutscher Tradition und nationalen Selbstbewußtseins.

3. Deutsch-deutsche Dialektik

3.1. Eine gesamtdeutsche Klammer

Die Dialektik des Antifaschismus in Deutschland liegt darin, daß er vor 1990 die Eigenständigkeit der DDR betonte und damit die deutsche Spaltung aufrechterhielt. Zugleich erwies er sich als Norm, auf die sich in Ost und West gegensätzliche Kräfte einigen konnten, da alle – mit Blick auf die NS-Erfahrung – »Antifaschisten« sein wollten. Der Faschismus-Verdacht ließ sich deshalb ganz leicht gegen politische Gegner einsetzen. Die Linken beriefen sich nachdrücklicher auf den Antifaschismus, da sie ihn sowohl moralisch als auch soziostrukturell vertraten. Für sie bedeutete Antifaschismus Antikapitalismus und damit Sozialismus. Die demokratische Mitte hingegen vertrat einen eher gefühlsmäßig-moralischen Antinationalsozialismus, der allerdings, der kommunistischen Sprachregelung fahrlässig-unwissend folgend, auch »Antifaschismus« genannt wurde. In den Augen der politischen Gegner konnte er stets als inkonsequent abgewertet werden.

Nachdem im Zeichen der antifaschistischen Vergangenheitsbewältigung in den sechziger und siebziger Jahren der antitotalitäre Grundkonsens der Demokraten durch einen antifaschistischen Konsens verdrängt worden war, konnte zeitweilig die Befürchtung entstehen, die freiheitlich-demokratische werde durch eine antifaschistisch-volksdemokratische Grundordnung abgelöst.

Dies trat dank des Zusammenbruchs des »real existierenden Sozialismus« nicht ein. Im Gegenteil: Der Antifaschismus verlor zunächst an Bedeutung, behielt jedoch seine Funktion als emotionaler Kitt einer Volksfrontpolitik. Weil zeitgleich der Rechtsextremismus scheinbar zunahm, konnte ein moralisch argumentierender Antifaschismus, der seine antikapitalistische Komponente zwar nicht einbüßte, aber abgemildert hatte, erstarken.

Intellektuelle und Künstler in Ost und West setzten den Antifaschismus ein, um die Eigenart der DDR zu erhalten und die Wiedervereinigung zu bekämpfen. Unter Ablehnung des verkürzt und verfälschend als »Stalinismus« bezeichneten Sozialismus wurde eine sozialistische Erneuerung auf »humanitärer Basis« erstrebt. Voraussetzung war die Aufrechterhaltung der Eigenstaatlichkeit der DDR. Die antifaschistisch-demokratische Periode der SBZ/DDR von 1945 bis 1949/52 galt dieser Legende zufolge als Zeit des Aufbruchs und des Aufbaus einer neuen, besseren Gesellschaft. Der stalinistische Terror dieser Zeit, der erst ab Mitte der fünfziger Jahre nachließ, ohne als Instrument staatlicher Gewaltausübung je ganz aufgegeben zu werden, wurde dabei verschwiegen.

Westdeutschland dagegen galt als kapitalistisch, die Bundesrepublik als Staat der Bourgeoisie, so daß eine Wiedervereinigung in Form eines »Anschlusses« an die Bundesrepublik dem Ende jeglichen Sozialismus gleichkam. Ende November 1989 veröffentlichten zahlreiche Intellektuelle und Künstler den Aufruf »Für unser Land«, in dem es hieß: »Entweder können wir auf der Eigenständigkeit der DDR bestehen und versuchen, mit allen unseren Kräften und in Zusammenarbeit mit denjenigen Staaten und Interessengruppen, die dazu bereit sind, in unserem Land eine solidarische Gesellschaft zu entwickeln, in der Frieden und soziale Gerechtigkeit, Freiheit des einzelnen, Freizügigkeit aller und die Bewahrung der Umwelt gewährleistet sind. Oder wir müssen dulden, daß, veranlaßt durch starke ökonomische Zwänge und durch unzumutbare Bedingungen, an die einflußreiche Kreise aus Wirtschaft und Politik in der Bundesrepublik ihre Hilfe für die DDR knüpfen, ein Ausverkauf unserer materiellen und moralischen Werte beginnt und über kurz oder lang die Deutsche Demokratische Republik durch die Bundesrepublik vereinnahmt wird. Laßt uns den ersten Weg gehen. Noch haben wir die Chance, in gleichberechtigter Nachbarschaft zu allen Staaten Europas eine sozialistische Alternative zur Bundesrepublik zu entwickeln. Noch können wir uns besinnen auf die antifaschistischen und humanistischen Ideale, von denen wir einst ausgegangen sind«.[125] Dieser Aufruf wurde unterzeichnet von dem damaligen Dresdner Oberbürgermeister Wolfgang Berghofer (SED), dem oppositionellen Intellektuellen Walter Janka, Schriftstellern wie Christa Wolf, Volker Braun und Stefan Heym, dem evangelischen Bischof Christoph Demke sowie zahlreichen Künstlern und Persönlichkeiten des öffentlichen Lebens. Daß auch Egon Krenz unterschrieb, damals noch Chef von Staat und Partei, schadete der moralischen Glaubwürdigkeit des Aufrufs sehr. Der Antifaschismus wirkte hier als negative gesamtdeutsche Klammer zwischen DDR-Sozialisten alter und neuer Prägung und westdeutschen Linken.

3. DEUTSCH-DEUTSCHE DIALEKTIK

Als Gegner einer neuen deutschen Einheit, die als kapitalistisch, imperialistisch, großdeutsch und als Triumph über den Sozialismus aufgefaßt wurde, waren sie sich somit einig. Bei den Leipziger Montagsdemonstrationen tauchten erstmals am 6. November 1989 Parolen auf wie »Vom Stalinregen in die großdeutsche Traufe«. Den Höhepunkt brachte bezeichnenderweise die Demonstration vom 4. Dezember 1989, kurz nachdem der Aufruf »Für unser Land« veröffentlicht worden war. Unter den zahlreichen »antifaschistischen« und gegen die Wiedervereinigung gerichteten Parolen hieß es: »Für Antifaschismus, Demokratie, Pluralismus!« – »Wiedervereinigung? Und wo bleibt der aufrechte Gang?« – »DDR als Bundesland? Wer das will, hat keinen Verstand« – »Wir lassen uns nicht von Thyssen küssen!« – »Der Schoß ist fruchtbar noch, aus dem das kroch! Wiedervereinigung? Wir wollen kein ›Viertes Reich‹!« – »Jetzt keine Wiedervereinigung, sondern neuen Sozialismus!«[126] Viele westdeutsche Intellektuelle, so Günter Grass, Jürgen Habermas und Erich Kuby, sprachen sich mit antifaschistischen Argumenten gegen die Einheit der Nation aus. Die Belastungen durch die nationalsozialistische Vergangenheit, die Ängste der Nachbarn, so wurde behauptet, legten den Verzicht auf ein einheitliches Deutschland nahe, das oft als »Großdeutschland« oder als »Viertes Reich« bezeichnet wurde.[127] Mit der Erhaltung der DDR hingegen sollte der Sozialismus gerettet werden, der – in seiner bisher »real existierenden« Form gescheitert – nunmehr als Utopie galt. Es sollte ein »humanitärer« Sozialismus sein, der allerdings durch die deutsche Einheit gefährdet werde, da die Wiedervereinigung ein Übergreifen des Kapitalismus auch auf die bisherige DDR bedeute. In der Zeitschrift *Horch und Guck* (Nr. 2/2010), also an ziemlich entlegener Stelle, hat Arnim Mitter das im Politischen Archiv des Auswärtigen Amtes aufgefundene Wortprotokoll der Unterredung des damals neugewählten SED-PDS-Vorsitzenden Gregor Gysi mit dem französischen Staatspräsidenten François Mitterrand veröffentlicht. Gysi warnte dabei vor der Wiedervereinigung, die zur Destabilisierung in Europa beitragen werde. Die Deutschen hätten das Recht verloren, zum dritten Male Ursache eines Konfliktes in Europa zu sein.

Die enge Verknüpfung von Sozialismus und Antifaschismus wird an diesem Beispiel deutlich. Der unattraktive »wissenschaftliche Sozialismus« wird durch einen moralisierenden Antifaschismus ersetzt: »Natürlich, wer die deutsche Einheit lauthals fordert, ist nicht deshalb ein Neonazi. Wer Kommunisten nicht mag oder keine(n) Farbige(n) heiraten will, ist darum kein Neofaschist. Antifaschisten denken so nicht. Antifaschismus ist mehr als Geschichtsaufarbeitung und Heldenverehrung – es ist der offensive Streit mit reaktionären, demokratiefeindlichen Positionen.«[128] Stefan Heym meinte, die Einheit werde negative psychische Folgen haben und das Volk verunsichern, was dazu führen werde, daß neue Feinde – Juden, Kommunisten, Fremde – gesucht würden.[129] Auf diese Weise verteidigte man moralisch das alte System, nach dem Motto: Es war zwar fehlerhaft, aber das eine muß man ihm lassen – es war wenigstens konsequent antifaschistisch.

Vor 1989/90 war der Antifaschismus der Linken eine Grundlage innerdeutscher Kooperation. Wenn westdeutsche Linke in die DDR reisten oder DDR-Delegationen in die Bundesrepublik – stets bildeten der Besuch »antifaschistischer« Gedenkstätten und die Betonung »antifaschistischer« Verpflichtungen die Basis der Verständigung, gegen die niemand etwas einwenden konnte, ohne sich dem Verdacht »neofaschistischer« Sympathien auszusetzen. In der Phase der Wiedervereinigung und nach Herstellung der deutschen Einheit zielte der Antifaschismus darauf, die DDR zu erhalten, später den Sozialismus und die politische Ordnung der SBZ/DDR zu rechtfertigen, insbesondere ihre Anfangsphase zu verklären. Insofern hat der Antifaschismus eine gesamtdeutsche Bedeutung.

3.2. Antifaschismus als gemeinsame Basis westdeutscher Linker und der DDR

Linke haben sich untereinander mit dem Vorwurf des »Faschismus« bekämpft. Dieses scheinbar widersinnige Verhalten wird jedoch plausibel, wenn man bedenkt, daß es vor 1989/90 im Interesse der SED-Deutschlandpolitik lag, alle Bestrebungen zu bekämpfen, die der Abgrenzungspolitik zuwiderliefen. Die DDR konnte sich nach 1971 ausschließlich ideologisch, nämlich als sozialistische Alternative zur »kapitalistischen« BRD, bestimmen. Eine nationale Legitimation war nicht mehr tragfähig. Aus Furcht vor Entlegitimierung bekämpfte die

SED alles, was auch nur entfernt gesamtdeutschen Charakter hatte. Nach dem Ende der DDR übernahmen die desorientierten Linken die antinationale Propaganda der SED, weil für sie alles, was mit deutscher Einheit zusammenhing, als »großdeutsch« und als »faschistisch« galt. Deshalb gibt es eine linke Gruppen und Einzelpersonen übergreifende gesamtdeutsche Kontinuität, die sich gegen die deutsche Einheit richtet. Besonders antinational agitierten die maoistischen K-Gruppen und der Kreis um Jutta Ditfurth und Thomas Ebermann, zwei ehemals prominente Politiker der Grünen.

Unter den westdeutschen Helfern der SED und anderer linker Gruppen spielte die Vereinigung der Verfolgten des Naziregimes – Bund der Antifaschisten (VVN-BdA) eine besondere Rolle. Im Mai 1948 hatte der Parteivorstand der SPD die Unvereinbarkeit der Mitgliedschaft in der VVN beschlossen, weil diese Organisation »von den Kommunisten als eine ihrer politischen Hilfsorganisationen mißbraucht« werde.[130] Wie stark sich das politische Klima wandelte und die um 1950 als Feinde der Demokratie bekämpften Kommunisten salonfähig wurden, geht aus der Haltung der SPD um 1987 hervor. Zahlreiche Sozialdemokraten arbeiteten mit der VVN zusammen; sie wurde als wichtige Partnerin der notwendigen antifaschistischen Aufklärung bezeichnet,[131] obwohl sich diese von der DDR finanzierte Organisation nicht gewandelt hatte.

In der Tat erzielte die VVN vor 1989 durch die Verwendung des Antifaschismus als Kooperationsbasis bündnispolitische Erfolge bei Gewerkschaftern, Grünen, Sozialdemokraten und Christen, die mit offen kommunistischen Argumenten nicht zu gewinnen gewesen wären. Sofern sozialistisch-kommunistische Absichten antifaschistisch getarnt waren, gelang es, diese hoffähig zu machen. Mit Genugtuung konnte ein Funktionär der VVN in Baden-Württemberg, gleichzeitig Mitglied des Bezirksvorstandes der DKP Baden-Württemberg, eine positive Bilanz hinsichtlich der Bündnispolitik der VVN ziehen und feststellen, daß ein Durchbruch bei der Landesdelegiertenkonferenz der Vereinigung gelungen sei. Schon der Tagungsort, das Gewerkschaftshaus in Stuttgart, habe Symbolcharakter. In einer halbstündigen Rede habe der Vorsitzende des DGB-Landesbezirks Baden-Württemberg der VVN für den »unermüdlichen Einsatz« gedankt. Ein Redner der SPD-Landtagsfraktion habe die Zusammenarbeit mit der VVN im Kampf gegen die Aberkennung der Gemeinnützigkeit des Verbandes als »beispielhaft« herausgestellt. Zahlreiche DGB Kreisvorsitzende, Sekretäre von Einzelgewerkschaften sowie Bundestags- und Landtagsabgeordnete nahmen an dieser Landesdelegiertenkonferenz am 14./15. Februar 1987 in Stuttgart teil. Auf dem Bundeskongreß der VVN-BdA vom 29. bis zum 31. Mai 1987 in Frankfurt am Main konnte der Generalsekretär des Verbandes, Kurt Erlebach (DKP), feststellen, durch gemeinsame antifaschistische Aktionen gegen »neofaschistische Gruppierungen« sei die Einsicht hinsichtlich der Zusammenarbeit zwischen Sozialdemokraten, Kommunisten, Christen, Grünen und Liberalen gewachsen und der Antikommunismus abgebaut worden. Zahlreiche Grußschreiben bestätigten ihn.[132]

DIE FASCHISMUSKEULE

Gruppen wie der Linken Deutschlanddiskussion, geleitet von Rolf Stolz, Köln, einem ehemaligen Bundesvorstandsmitglied der Grünen, oder der AG Berlin- und Deutschlandpolitik der Alternativen Liste Berlin wurde vorgeworfen, die Gesellschaftsordnungen in Osteuropa verändern zu wollen, das Übergewicht der Bundesrepublik gegenüber der DDR durchzusetzen und mit osteuropäischen Oppositionsbewegungen wie Charta 77 und der Solidarnosc zusammenzuarbeiten. Diese linken Organisationen würden »faschistische Verbindungen« unterhalten und nationalistisches Gift in Friedens- und Ökologiebewegungen hineintragen. Einem Bündnis aus VVN-Angehörigen, linken Sozialdemokraten und Grünen sowie sozialdemokratischen Organisationen wie den Falken und den Jungsozialisten gelang es, den Bundestagsabgeordneten Konrad Gilges (SPD), der 1987 auf einer Veranstaltung der Linken Deutschlanddiskussion sprechen sollte, zu einer Absage zu veranlassen.[133]

Der Wandel der Einstellung zur VVN, der in der Ablehnung der SPD von 1948 und in der Annäherung sozialdemokratischer, gewerkschaftlicher und grüner Politiker um 1987 zum Ausdruck kommt, hatte bereits um 1960 begonnen. Die antitotalitäre »Solidarität der Demokraten«, die von einem Grundkonsens der demokratischen Parteien ausging, war zerfallen. Die antitotalitäre Grundhaltung, die sich gegen Nationalsozialismus und Kommunismus gleichermaßen richtete, verblaßte zugunsten eines einseitigen Antifaschismus. Dies wurde am Verbotsprozeß gegen die VVN deutlich. Am 23. Oktober 1959 hatte die Bundesregierung beim Bundesverwaltungsgericht den

Antrag auf Feststellung der Verfassungswidrigkeit der VVN eingereicht.[134] Da die VVN ihre Agitations- und Zersetzungskampagne unvermindert fortsetzte, sollte sie verboten werden. Die Bundesregierung betonte, aus den bitteren Erfahrungen der Weimarer Republik habe man die Lehre gezogen, daß die Staatsordnung zum Schutze der Freiheit gegen ihre Feinde verteidigt werden müsse. Anders als in der Weimarer Zeit dürften sich Gegner der demokratischen Freiheit dieser nicht bedienen, um sie zu beseitigen. Artikel 9 des Grundgesetzes verbiete deshalb Organisationen, die das Grundrecht der Vereinigungsfreiheit zum Kampf gegen die Verfassung ausnutzten.

Die Bundesregierung stellte fest, daß die VVN zu den kommunistischen Tarnorganisationen gehöre, die von der KPD und von der SED abhängig seien. Die VVN-Leitung setze sich überwiegend aus ehemaligen KPD-Funktionären zusammen. Von den vier Präsidenten des Bundesvorstandes der VVN seien zwei exponierte Mitglieder der verbotenen KPD; von den vierzehn im geschäftsführenden Präsidium des VVN-Bundesvorstandes tätigen Personen hätten elf der KPD angehört. Vier von den fünf Mitgliedern der Bundesgeschäftsführung seien bis zu deren Verbot in der KPD gewesen. Von den neun Landessekretären der VVN seien acht Mitglieder bzw. Funktionäre der KPD gewesen. Die Länder Hamburg und Rheinland-Pfalz hatten die VVN zu diesem Zeitpunkt (1959) bereits als kommunistische Organisation verboten. In Nordrhein-Westfalen wurde der VVN die Beratung und die Vertretung ihrer Mitglieder bei den Entschädigungsbehörden entzogen.

Das Verfahren endete blamabel für die Bundesregierung. Bereits nach dem zweiten Verhandlungstag im Dezember 1962 beschloß das Bundesverwaltungsgericht, den Prozeß nicht fortzusetzen. Ein neuer Termin wurde nicht anberaumt. Mit der Begründung, es gehe darum, im Dritten Reich begangenes Unrecht zu sühnen, verlangte das Bundesverwaltungsgericht von der Bundesregierung, sie müsse abwägen, ob gegen eine Organisation von Verfolgten ein Verbot mit der damit untrennbar verbundenen Strafsanktion erlassen werden dürfe. Eine besondere Bedeutung bekam das Verhalten des Gerichts durch die Tatsache, daß dessen Präsident, Prof. Fritz Werner, der die Verhandlung leitete, wegen seiner NS-Vergangenheit kommunistischen Angriffen ausgesetzt war. Der VVN-Sekretär von Niedersachsen, August Baumgarte, ebenfalls ein Mitglied der verbotenen KPD, hatte Materialien verbreitet, aus denen hervorging, daß Werner seit 1933 der SA angehört hatte. Außerdem veröffentlichte er Zitate aus der Dissertation Werners. NS-Beschuldigungen gegen weitere Bundesrichter wurden angekündigt.[135]

Daß die Entscheidung des Bundesverwaltungsgerichtes, den bereits begonnenen Prozeß kurzerhand abzubrechen, sowohl von der Bundesregierung als auch von der Öffentlichkeit hingenommen wurde, wirft ein Licht auf das politische Klima seit dem Verbot der KPD 1956. Der Antifaschismus war eine wirkungsvolle Waffe im innenpolitischen Kampf geworden. Westdeutsche Politiker und Publizisten, die sich bis Anfang der sechziger Jahre von der SED-Diktatur abgegrenzt hatten, näherten sich diesem System an, sobald die Zusammenarbeit antifaschistisch motiviert wurde.

Diese Einstellung hat das Ende der DDR und des osteuropäischen »Realsozialismus« überdauert. Nach wie vor herrscht die Tendenz, den »Antifaschismus« einseitig hervorzuheben und die antitotalitär begründete Bekämpfung des verfassungsfeindlichen Linksextremismus zu vernachlässigen.

3.3. Antifaschismus als Basis west-östlicher Kooperation

Als der Kalte Krieg nach 1960 beendet zu sein schien und die Koexistenz-Propaganda ihre entspannende Wirkung zeigte, waren Sozialdemokraten, Gewerkschaften und unorganisierte intellektuelle Linke zunehmend bereit, mit Kommunisten zu kooperieren, sofern diese ihre Aktivitäten nur antifaschistisch verhüllten. Um 1960 endete die Zeit des Wiederaufbaus, die Stabilität des »Wirtschaftswunders« überlagerte ein Grundgefühl der Stagnation. Von da an löste sich der antitotalitäre Grundkonsens der Demokraten der ersten Nachkriegszeit auf. Die zweite Welle der antinationalsozialistischen Vergangenheitsbewältigung führte ungefähr seit 1957 zu einer neuen Rechts-Links-Polarisierung in der deutschen Politik. Jetzt sahen sich die sogenannten bürgerlichen Parteien mit dem Vorwurf konfrontiert, mit den Nationalsozialisten gemeinsame Sache gemacht zu haben. Auf der anderen Seite standen diejenigen, die von den Nationalsozialisten verfolgt worden waren. So entstand allmählich eine Annäherung von Kommunisten, Sozialdemokraten und Gewerkschaftern, die sich alle als »Opfer des Faschismus« betrachten konnten.

Die Kommunisten nutzten dieses »antifaschistische« Grundgefühl zielbewußt für ihre Zwecke. Einen Höhepunkt dieser Entwicklung brachten die Feiern zum 40. Jahrestag des Kriegsendes 1985. An den aus diesem Anlaß stattfindenden »antifaschistischen« Demonstrationen und Kundgebungen nahmen neben der DKP und der VVN auch mehrere Bundestagsabgeordnete der SPD, der Grünen, Funktionäre und Gliederungen der Jungsozialisten und Gewerkschaften teil. Zu den Veranstaltungen luden zum Teil DKP, SPD und Einzelgewerkschaften gemeinsam ein. Offen bekannte aus diesem Anlaß die DKP-gesteuerte »Initiative 40. Jahrestag der Befreiung und des Friedens«, daß es ihr um die Aktionseinheit von Kommunisten und Demokraten gehe. Es sei ein beachtlicher Beitrag dazu geleistet worden, so erklärte die DKP, daß der 8. Mai von vielen als »Tag der Befreiung« aufgenommen worden sei. Kein anderer Jahrestag der Nachkriegsgeschichte habe ähnliche Bereitschaft erzeugt, in breiten Bündnissen zusammenzuarbeiten.

Obwohl das Bundesinnenministerium in einer Übersicht zu erkennen glaubte, daß es der DKP kaum gelungen war, die Hälfte ihrer auf rund 100 000 Personen geschätzten Anhänger zu mobilisieren, waren bei dieser Gelegenheit doch insgesamt 52 500 Demonstranten und Kundgebungsteilnehmer aktiv.[136] Auch wenn es den antifaschistischen Bündnissen nach wie vor nicht gelang, eine Massenbasis zu erreichen, signalisierte die Tatsache des offenen Paktierens mit der einstmals verfemten VVN, daß der antifaschistisch getarnte Kommunismus salonfähig geworden war. Am Bundeskongreß der VVN im Mai 1987 beteiligten sich durch Delegationen oder Grußadressen die Grünen, der DGB-Landesbezirk Hessen, die Jungsozialisten, die Gewerkschaft Handel, Banken und Versicherungen, die IG Druck und Papier, die Gewerkschaft Holz, die Falken sowie Horst Peter (SPD-MdB), Ernst Waltemathe (SPD-MdB), Oskar Lafontaine (SPD-MdB) und Franz Steinkühler (IG Metall). In den VVN-Bundesvorstand wurden trotz offiziell niemals aufgehobenen Unvereinbarkeitsbeschlusses eine SPD-Kommunalpolitikerin, Hildegard Lisse, und Gertrud Schilling, MdB der Grünen, gewählt.[137]

Nicht erst seit den ausländerfeindlichen Gewalttaten vom Sommer 1992 zeigte sich, daß Aktivitäten und Erfolge der Rechten auf die Linke solidarisierend wirken, wobei der in Übergröße herausgestellte faschistische Popanz Hauptanlaß der linken Aktionsgemeinschaft war. Als im März 1989 die Republikaner bei den Wahlen zum Abgeordnetenhaus in Berlin einen überraschenden Wahlerfolg erzielten und mit elf Mandaten ins Schöneberger Rathaus einziehen konnten, fand eine Großdemonstration gegen »Neonazis, Faschismus, Rassismus und Ausländerfeindlichkeit« unter Beteiligung des SPD-Landesvorsitzenden Walter Momper, des DGB-Landesbezirksvorsitzenden Michael Pagels und führender Funktionäre der Alternativen Liste sowie des Westberliner SED-Ablegers Sozialistische Einheitspartei Westberlins (SEW) statt. Das SED-Zentralorgan *Neues Deutschland* berichtete über »das eindrucksvolle Bekenntnis von DGB, SPD, SEW und AL gegen das Anwachsen des Neonazismus« in West-Berlin. Das Organ der Freien Deutschen Jugend, *Junge Welt*, kommentierte, daß die Bedeutung des Wortes »antifaschistischer Schutzwall« für die Berliner Mauer keineswegs antiquiert oder überholt sei, wie dies im Westen stets aufs neue wiederholt werde, sondern sie erweise sich aus gegebenem Anlaß als bitter aktuell. In dieser Demonstration wurde der Zerfall der »Gemeinsamkeit aller Demokraten« auf sehr eindrucksvolle Weise bewiesen. Die Angriffe richteten sich nicht nur gegen die Republikaner, die lediglich den äußeren Anlaß für die Demonstration boten. Im Mittelpunkt der Agitation stand vielmehr die CDU. Auch Michael Pagels brachte die CDU mit dem Faschismus in Verbindung. Die »menschenverachtende und unsoziale Politik« Bonns und Berlins habe das Aufkeimen des Rechtsextremismus entscheidend begünstigt. In einer Pressemitteilung kommentierte die Junge Union dazu treffend: »Die Ersetzung des antitotalitären durch das antifaschistische Verständnis der Demokratie hat sich zu einer Strategie der AL verengt, linksextremistische Denkformen zu verbreiten. Die geistigen Folgen sind fatal, denn hier vollzieht sich ein allmählicher Abbau jener Hemmungen und Schutzvorkehrungen der wehrhaften Demokratie, die Staat und Gesellschaft vor neuen Polarisierungen und extremen Ideologisierungen bewahren sollte. Das sich abzeichnende Bündnis in Berlin versucht, aus jeder moralischen und politischen Streitfrage nach Möglichkeit eine Probe aufs Exempel antifaschistischer Gesinnung zu machen, die Kritik am Nationalsozialismus zu einem zweckrational genutzten Instrument der moralischen und politischen Diskriminierung beliebiger aktueller Gegner zu benutzen.«[138]

Bei der offiziell nichtkommunistischen Linken ging, wie man sieht, die Ablehnung von linksextremen Verfassungsfeinden verloren. Die pseudomoralische Rechtfertigung kam vom Antifaschismus – pseudomoralisch, weil bei geringer geistiger Anstrengung hätte deutlich werden können, daß es um die Durchsetzung linksextremer Ziele ging. Die Hemmungslosigkeit führte so weit, daß die Nachbarschaft zu gewalttätigen linksextremen Kriminellen, den fälschlich so bezeichneten Autonomen, nicht gescheut wurde. Während es noch 1988 lediglich etwa 200 »antifaschistische« Bündnisse gegeben hatte, schnellte die Zahl nach den Wahlerfolgen der Republikaner 1989 auf 800.[139] Die unterschiedlichsten Gruppen fanden sich unter dem Schlagwort »Antifaschismus« zu Aktionsbündnissen zusammen, so 1989 in Heilbronn die Alternative Liste, die Aids-Hilfe, die Grauen Panther, die ÖTV, die Arbeiterwohlfahrt, die Nichtseßhaften-Hilfe, die Homosexuellen-Emanzipationsgruppe und Fraueninitiativen.[140] Hätten diese Vereine ihre Zusammenarbeit mit positiven Zielsetzungen begründen müssen, wären unüberbrückbare Gegensätze deutlich geworden. Auf den gemeinsamen Feind, den »Faschismus«, konnte man sich aber problemlos einigen. Kriminelle Aktionen linksextremer Gruppen wurden von den Medien oft stillschweigend hingenommen, wenn sie antifaschistisch veredelt waren. Beispiele für diese linksextreme »Selbstjustiz«: Körperverletzungen, Hausfriedensbrüche oder Steckbriefaktionen.[141]

Dieses Konglomerat antifaschistischer Überzeugungstäter hatte auch mindestens indirekte Kontakte zum Ministerium für Staatssicherheit (MfS). Dort existierte eine eigene Abteilung zur Beeinflussung westdeutscher Medien und »Meinungsführer«.[142] Ein exponiertes Mitglied der Berliner AL, das später als Mitarbeiter der Staatssicherheit entlarvt wurde, war Dirk Schneider, zeitweiliger Bundestagsabgeordneter der Grünen. Die AL Berlin betrieb eine Zeitlang einen sehr aktiven Arbeitskreis zur Außen- und Deutschlandpolitik, der nationalneutralistische Positionen diskutierte. Mit dem Vorwurf des Nationalismus und Faschismus bekämpfte Schneider im Sinne seiner Auftraggeber diese für die DDR unangenehmen Tendenzen.

Ein zweites Beispiel für die Verbindungen der Stasi in die westdeutsche linke Szene: Der als MfS-Agent angeklagte und verurteilte ehemalige Terroristenanwalt Klaus Croissant schrieb das Vorwort zu einem Buch zweier im Raume Bonn und in Nordrhein-Westfalen tätiger »Antifaschisten«, in dem er noch nach der Wende linksextreme, gegen die politische Ordnung der Bundesrepublik gerichtete Auffassungen mit antifaschistischen Phrasen rechtfertigte.[143]

Medium dieser Entwicklung war die VVN. Ihre älteren Mitglieder genossen wegen der Verfolgung in der nationalsozialistischen Zeit ein hohes Ansehen, von dem auch die jüngeren noch profitieren konnten. In welch spießiger und unfreiwillig komischer Weise versucht wurde, den Mythos der Verfolgten politisch zu instrumentalisieren, zeigt ein Bericht aus einer VVN-Zeitung über den Bundeskongreß der Organisation 1987. Dort heißt es, daß die Chance, bei der Abrüstung Erfolge zu erzielen, Junge und Alte eine. »Spürbar war der sich parallel zur Dynamik der Friedensbewegung entwickelnde, durch so viel Leiden geläuterte Optimismus der ältesten Generation der VVN. In der Kongreßpause, beim Kaffee, agitierte einer, der durch die Zuchthäuser des Hitler-Regimes gegangen war: Jetzt will ich auch noch das Jahr 2000 erleben, wenn die Menschheit erstmals den Weg zur Abrüstung einschlägt. In seinen Augen zeigte sich Lebenslust.«[144]

Wenn diese Biederkeit kriminellen linksextremen Aktivisten auch als Humanitätsduselei erschienen sein mag, so hatte sie doch über die Aktivierung des Mythos der antifaschistischen Widerstandsbewegung eine mobilisierende Funktion – die freilich in dem Maße nachläßt, in dem die ältere Generation abtritt. Gerade dieser Bundeskongreß zeigte aber auch die Grenzen der Mobilisierungsfähigkeit der VVN. Zwar nahmen an dem Kongreß Delegationen aus acht Ländern teil. Sechs davon gehörten aber dem damaligen (1987) Ostblock an; von den westeuropäischen Ländern waren lediglich Frankreich und die Niederlande vertreten. Aus sieben weiteren Ländern lagen Grußschreiben vor. Der internationale Widerhall kann also als dürftig bezeichnet werden.[145]

Der Antifaschismus und sein Einfluß auf die Deutschen haben sich nach 1945 in einem ständigen Auf und

Ab entwickelt. Von 1945 bis 1948 brachten die Enthüllungen über die Praktiken des nationalsozialistischen Systems einen ersten Höhepunkt. Dies äußerte sich in gesetzgeberischen Maßnahmen (Säuberungsgesetze), in Prozessen, in der Entnazifizierung und der »Umerziehung«. Der sich entwickelnde Kalte Krieg, der 1948 seine volle Wirkung erreichte, beendete diese erste Phase der Vergangenheitsbewältigung.

Von 1948 bis 1957 galt die Vergangenheit als bewältigt. Kritiker wiesen auf die »Restaurierung« der Vorkriegsverhältnisse hin, ohne damit aber in der Öffentlichkeit Widerhall zu finden. Ab 1957 setzte mit den ersten Prozessen gegen ehemalige Nationalsozialisten, die zum Teil gerade erst aus sowjetischer Kriegsgefangenschaft entlassen worden waren, wiederum die Vergangenheitsbewältigung ein. Hierzu gehörte der aufsehenerregende Buchenwald-Prozeß gegen ehemalige KZ-Wächter. Bis 1969 beeinflußten diese Prozesse nicht nur die öffentliche Meinung in der Bundesrepublik, sondern der »Antifaschismus« wurde nunmehr auch stärker als zuvor von der Sowjetunion und der DDR im internationalen Propagandakampf gegen die Bundesrepublik Deutschland benutzt, um das westliche Bündnis zu stören.

Von 1969 bis 1974 machte sich die Reformeuphorie der sozial-liberalen Koalition breit; die »antifaschistische«, gegen die Bundesrepublik gerichtete Propaganda nahm stark ab, ohne ganz zu verschwinden. Von 1974 bis 1982 spielte der »Antifaschismus« national wie international nur eine geringe Rolle, von 1982 bis 1985 häuften sich jedoch Angriffe gegen die »Rechtsregierung« aus

CDU und FDP. Einen Höhepunkt erreichte die »antifaschistische« Propaganda aus Anlaß des vierzigsten Jahrestages des Kriegsendes 1985. Bereits Anfang der achtziger Jahre hatten rechte und rechtsextreme Parteien erste, noch sehr bescheidene Wahlerfolge erzielen können.

Nach 1985 erreichte die Instrumentalisierung des »Antifaschismus« im innenpolitischen Kampf einen vorläufigen Höhepunkt. Es kam zu offener Gewalttätigkeit; auch »antifaschistisch« begründete Bündnisse von SPD, DGB, nichtorganisierten Linken mit Kommunisten, Anarchisten und linksextremen kriminellen Splittergruppen nahmen zu. Die Gründung der Republikaner 1983, die zwar lediglich kleine, aber spektakulär hochgespielte Wahlerfolge erzielen konnten, erklärt dieses Verhalten ebenso wie ein weltweiter Wertewandel, eine zunehmende Abkehr von den progressiven Illusionen der sechziger und siebziger Jahre. Die Neigung zur Gewalt aus politischen, aber auch unpolitischen Motiven wuchs und hatte ihre Auswirkung auf den »Antifaschismus«. Die Auseinandersetzung um die Nachrüstung und die Stationierung von Atomraketen förderten einen linken Neutralnationalismus, der in den eigenen Reihen mit dem »Antifaschismus«-Argument bekämpft wurde.

Die Jahre zwischen 1989 und 1992 brachten mit dem Zusammenbruch des »real existierenden Sozialismus« einen erheblichen Rückschlag für den organisierten »Antifaschismus«. Zum einen versiegten finanzielle Subventionen aus östlichen Quellen, zum anderen wurde die Identifizierung des DDR-Sozialismus mit dem »Antifaschismus« so deutlich, daß es selbst in linken, »antifaschistischen« Kreisen zu kritisch-distanzierenden Äußerungen über die Berechtigung und Wirksamkeit des »Antifaschismus« kam.

Ab 1992 erlebte die Antifa-Propaganda eine Renaissance wegen der ausländerfeindlichen Aktionen, die insbesondere anarchistisch-aktionistische linksextreme Gruppen auf den Plan riefen. Die theoretische Dürftigkeit der anarchistischen Gruppen ließ den »Antifaschismus« als willkommenes Verständigungsmittel erscheinen, auf das man sich als den kleinsten gemeinsamen Nenner einigen konnte.

Diese Spielart des Linksextremismus motiviert ihre Anhänger nicht mehr wie der marxistische Sozialismus mit Theorien, sondern durch Aktionen. Der »Antifaschismus« verleiht Gewaltaktionen und anderen schweren kriminellen Taten die Aura moralischer Unantastbarkeit. Zugleich zwingt er jede Gegenaktion, ja selbst kritische Äußerungen, sich als nicht faschistisch auszuweisen. Entsprechend lahm und hilflos waren die Reaktionen des politischen Establishments seit den 1990er Jahren. Es ist den Extremisten, insbesondere den Linken, gelungen, die angeblich »abwehrbereite« Demokratie als nur beschränkt abwehrfähig bloßzustellen u.a. mit dem Argument, es herrschten Weimarer Verhältnisse. Zwei gegensätzliche Positionen liegen hier im Streit. Die eine Seite behauptet in voller Überzeugung, die politischen Verhältnisse in Deutschland entwickelten sich nach rechts. Der »Faschismus« nehme zu. Bekämpft werde ausschließlich die Linke. Der Antikommunismus der frühen Nachkriegsjahre und der Extremistenbeschluß von 1972 bewiesen dies ebenso wie die Maßnahmen gegen den Linksterrorismus der siebziger Jahre. Auf der anderen Seite steht die Behauptung, die streitbare Demokratie habe sich als streitbar nur gegen rechtsextreme Gruppen erwiesen, weil zum Beispiel 1992/93 und auch in späteren Jahren ausschließlich solche verboten wurden. Der Linksextremismus hingegen werde salonfähig, besonders in Medien, Schulen und Universitäten. Die Rechte dagegen werde diffamiert und die Diskussion über ihre Thesen tabuisiert. Beide Behauptungen sind nicht ganz unrichtig. Die Polarisierung hat sich zugespitzt, die traditionelle deutsche Neigung, Politik als Weltanschauungskampf zu betreiben und den Gegner nicht als Konkurrenten, sondern als Vertreter des absolut Bösen hinzustellen, hat zugenommen. Insofern haben wir eine andere Republik mit einer anderen politischen Kultur als in der Gründungszeit von 1949.

Es ist angebracht, zu fragen, ob aus dieser Einschätzung nicht die typisch deutsche Art spricht, temporäre Schwierigkeiten und Probleme für grundsätzliche Fehler des Systems zu halten. Zwar funktioniert die politische und soziale Ordnung recht gut. Aber die Bruchstellen in der politischen Ordnung sind deutlich, und eine davon ist der »Antifaschismus«. Die Loyalität gegenüber der politischen Ordnung schwindet, sie wird lediglich durch das dichtgeknüpfte soziale Netz, den subventionierten Wohlstand, garantiert. Die Anzeichen mehren sich, daß diese aufwendige Sozialordnung nicht mehr zu bezahlen ist. Damit entfällt die Basis der Systemloyalität – nicht schlagartig, aber in einem schleichenden Erosionsprozeß.

Die Unzufriedenheit äußert sich auch in Gewaltaktionen, deren Ursachen nur zum Teil nationale Gründe haben. Mit dem Hinweis auf die »faschistische« Vergangenheit werden sie moralisch aufgewertet und die Aufgabe staatlicher Organe zur Aufrechterhaltung der Ordnung diffamiert.

Die Ersetzung der freiheitlich-demokratischen durch eine antifaschistisch-volksdemokratische bzw. »emanzipatorische« Grundordnung ist zwar nach wie vor keine akute Gefahr, zeichnet sich aber als eine Möglichkeit ab. Auch die Weimarer Republik ist nicht an der Stärke ihrer Gegner, der extremen Rechten, zugrunde gegangen, sondern an der Schwäche und am fehlenden Selbstbewußtsein der Anhänger eines parlamentarischen Systems.

3.4. Die extreme Linke und die Antifa

Anfang der siebziger Jahre entstanden im Westen zahlreiche revolutionär-marxistische Zirkel, rote Zellen und Kleinstparteien. Sie orientierten sich ideologisch überwiegend am Marxismus. Für alle Spielarten des Kommunismus, so zerstritten sie auch sein konnten, stand fest, daß der Kapitalismus aus ökonomischer Gesetzmäßigkeit zum Faschismus führe. Bei einigen mitgliederstarken Gruppen stand und steht der Kampf gegen »imperialistische Tendenzen« der BRD im Vordergrund, zum Beispiel für die 1982 gegründete Marxistisch-Leninistische Partei Deutschlands (MLPD), die etwa 1800 Mitglieder hat. Sie beruft sich auf Marx, Engels, Lenin, Stalin und Mao Tse-tung und war besonders wegen ihres Führungsanspruchs im linksextremen Lager kaum bündnisfähig. Die Marxistische Gruppe (MG), die rund 10 000 Anhänger zählte und Merkmale einer Sekte aufwies, stand Bündnissen ebenfalls ablehnend gegenüber.[146] »Zum Teil betrieben MG-Mitglieder eigene Unternehmen oder Firmenketten, in denen fast ausschließlich Genossen beschäftigt werden.«[147] Am 21. Mai 1991 löste sich die Marxistische Gruppe auf.

Für den Kommunistischen Bund (KB), gegründet 1971, war der Kampf gegen die angeblich zunehmenden faschistischen Tendenzen ein zentraler Orientierungspunkt. Das Bürgertum habe, so der KB, aus einer Position der Stärke eine schrittweise Faschisierung betrieben. Daher sah der KB seine Aufgabe in der Stärkung der Gegenkräfte. Er verfügte über einen streng konspirativen Organisationsaufbau. Nach dem Umbruch in der DDR geriet der KB in eine Krise und spaltete sich. Der eine Flügel arbeitete führend beim Aufbau der PDS/Linke Liste mit. Somit ging ein Teil des aggressiv »antifaschistischen« Spektrums Westdeutschlands in der PDS auf. »Der KB-Funktionär Heinrich Eckhoff gehörte zu den maßgeblichen westdeutschen Initiatoren des Wahlbündnisses. Dieses Engagement zahlte sich aus. Zwei Bundestagsabgeordnete der PDS/Linke Liste gehören dem KB an.«[148]

Der andere Flügel hatte maßgeblichen Anteil an der Formierung der »radikalen Linken«. In dem Grundlagenpapier dieser Gruppierung heißt es: »Die radikale Linke ist sehr dafür, die Faschisten auf's Maul zu hauen«. Der Aufstieg des »parteipolitischen Rechtsextremismus« (gemeint sind die Republikaner) sei logische Folge des »gesellschaftlichen Umbruchs der letzten anderthalb Jahrzehnte, der politisch von der CDU/CSU, SPD und FDP zu verantworten ist«.[149] Die Linke müsse den Haß auf das eigene Vaterland schüren und dieses bekämpfen. Das erklärte Ziel: die Zerstörung des deutschen Staates sowie die Auflösung des deutschen Volkes in eine multikulturelle Gesellschaft. Im Monatsblatt *konkret* (Auflage ca. 40 000), das als Sprachrohr von KB-Funktionären genutzt wurde, pflichtete der Verleger Hermann L. Gremliza diesen »antinationalen Ausfällen« bei: »Die Deutschen seien ein schlimmes Gesindel, besonders die Einwohner der fünf neuen Länder hätten mit ihren Montagsdemonstrationen gezeigt, daß sie ihre westlichen Brüder und Schwestern noch an Dummheit, Feigheit, Raffgier, Fremdenhaß und Chauvinismus überträfen.«[150] So erklärt sich auch, daß die beiden aus dem KB kommenden Bundestagsabgeordneten der PDS/Linke Liste, Andrea Lederer und Ulla Jelpke, die meisten parlamentarischen und außerparlamentarischen antifaschistischen Stellungnahmen Anfang der neunziger Jahre abgaben.[151] Die Politik der Bundesregierung, aber auch der SPD begünstige den Rechtsextremismus und sei rassistisch. Auch hier erwies sich der Antifaschismus als Bindemittel zwischen gegensätzlichen und sonst uneinigen linken Gruppen.

Der 1980 durch Abspaltung vom maoistischen Kommunistischen Bund Westdeutschlands (KBW) entstandene Bund Westdeutscher Kommunisten (BWK) änderte seine Haltung nach dem Umbruch nicht. Für die Bündnispolitik bediente sich der BWK einer »klas-

sischen Vorfeldorganisation«, der 1980 von der KPD/
ML gegründeten »Volksfront gegen Reaktion, Faschismus und Krieg«. Der BWK erklärte, verschiedene Ansatzpunkte des »Antifaschismus«-Kampfes zu respektieren. Er arbeitete an der Errichtung einer gemeinsamen Front gegen »Reaktion und Faschismus«. Ein Schwerpunkt des BWK bestand in publizistischen Aktivitäten. So verlegte er neben dem BWK-Zentralorgan *Politische Berichte* und den *Antifaschistischen Nachrichten* der »Volksfront« acht »Nachrichten«-Blätter zu berufs- und fachspezifischen Fragen sowie rund 30 örtliche Publikationen (Lokalberichte).

Auf Abnehmer in der deutschen Terrorszene zielten das von »Angehörigen der politischen Gefangenen der BRD« herausgegebene *Angehörigen Info* und die Reihe *Dokumentation zur Zeitgeschichte,* in der Texte ausländischer terroristischer Organisationen verbreitet wurden. Nach dem Aufkommen der Republikaner behauptete die »Volksfront«, Faschisten und Reaktionären sei es nunmehr gelungen, ein faschistisches Programm zu erarbeiten, das, den Verhältnissen der BRD entsprechend, Konservatismus und Faschismus verschmelze. Die »Antifaschisten« müßten neue Anstrengungen unternehmen, um die Ziele der Republikaner als aktuelles Programm »faschistischer« Durchsetzung der Interessen des BRD-Imperialismus zu entlarven.

4. Antifaschismus nach 1989

4.1. Nach dem Ende der DDR

Mit dem Zusammenbruch des »real existierenden Sozialismus« 1989 bis 1991 schien auch der Antifaschismus unterzugehen, hatte er doch nach innen als Systemlegitimierung, nach außen als Kampfmittel fungiert. Allerdings zeigte sich bald, daß der Antifaschismus, wenngleich stark verunsichert, weiterhin bestehen sollte. Seit dem Herbst 1989 sind die Argumente und Präsentationsformen der Antifaschisten vielfältiger, widersprüchlicher, weniger rational, stärker emotional und auf jeden Fall theoretisch schwächer, das heißt weniger marxistisch fundiert, aber dafür stärker aktionistisch. So entstand eine »antifaschistische« Subkultur, etwa mit »antifaschistischen Cafés« als Kommunikationszentren, Informationstauschbörsen, Zentren zur Vermittlung eines Gemeinschaftsgefühls.[152]

Das Abrücken von der marxistischen Faschismusinterpretation bietet den Vorteil, bisher ausgegrenzte Kreise in den »antifaschistischen« Widerstand einbeziehen zu können. Während in der Zeit der SED-Herrschaft die KPD als stärkste Kraft des »antifaschistischen« Widerstands vor 1945 galt, bürgerliche Kreise dagegen entweder gar nicht oder nur am Rande, werden jetzt auch bürgerliche Widerstandskämpfer unter ausdrücklicher Kritik an der gegenteiligen Haltung der SED anerkannt. So würdigte man im *Neuen Deutschland* Carl

Goerdeler als »Antifaschisten« und beklagte, daß ihm nach 1945 diese Anerkennung lange versagt wurde, weil er kein Kommunist gewesen war.[153] Die Potsdamer PDS rühmte 1990 in einem Gedenkartikel zum 20. Juli 1944 zahlreiche adelige hohe Offiziere, die dort stationiert gewesen waren, und folgerte für die Gegenwart: »Viele der Genannten sind im Kampf gegen das Nazi-Regime gefallen. Ihr Vermächtnis kann nur lauten: Antifaschismus als Grundkonsens, dem sich alle deutschen Parteien und politischen Bewegungen verpflichtet fühlen sollten.«[154]

Mit der Würdigung bisher abgelehnter »bürgerlicher« Widerstandskämpfer, die nun auch als Antifaschisten galten, konnte sich die PDS zwar auf im Westen hochgeschätzte Angehörige des Widerstands berufen. Zugleich wandte sie sich aber von einem theoretisch fundierten Antifaschismusverständnis ab. Denn wenn Antifaschismus gleichzusetzen ist mit Antikapitalismus und echter Antifaschismus Aufhebung der privaten Verfügungsgewalt über Produktionsmittel bedeutet, so kann in der Tat nur der kommunistische Widerstand als genuin antifaschistisch betrachtet werden. Bürgerliche Widerstandskämpfer wie Goerdeler gelten in diesem Sinne auf keinen Fall als Antifaschisten, da ihnen nichts ferner lag als eine sozialistische oder kommunistische Neuordnung.

Ein Musterbeispiel für die gewandelte Einstellung zum »Antifaschismus« ist die Behandlung eines anderen Opfers des Nationalsozialismus: Ernst Thälmann. Bis zur »Wende« galt er als das Vorbild des antifaschistischen Widerstandskämpfers, in dem die moralische und die soziostrukturelle Komponente des »Antifaschismus« zusammentrafen. Mit der Zunahme der Kritik an dem DDR-offiziellen und offenbar wenig überzeugenden Antifaschismus wurde auch Ernst Thälmann kritisiert, weil er die KPD stalinisiert habe. Während es bis 1928/29 noch Alternativen zu einer stalinistisch strukturierten und zunehmend von Moskau gesteuerten KPD gegeben habe, sei unter seiner Mitwirkung eine verhängnisvolle Entwicklung eingetreten, die verheerende Folgen für den Kampf gegen den »Hitlerfaschismus« gehabt habe. Das bedeutende »antifaschistische« Potential der KPD sei geschwächt worden, und man habe Bündnispartner abgeschreckt. So wird Thälmann nunmehr als eine tragische Gestalt betrachtet, die in der SED-Zeit zum Mythos wurde, aus dem nachfolgende Parteiführungen ihre Legitimation ableiteten.[155]

Die Appelle liefen 1989/90 darauf hinaus, die historische Kraft des »Antifaschismus« lebendig zu erhalten, um der »aufkeimenden Großmannssucht und Deutschtümelei« das positive Bild von einem antifaschistischen Deutschland entgegenzusetzen.[156] Dieses ausgeweitete Verständnis von Antifaschismus, in das alle, auch nichtsozialistische Widerstandsangehörige einbezogen wurden, diente nicht nur der Legitimation der verunsicherten Sozialisten. Es sollte auch einer »Relativierung« nationalsozialistischer Verbrechen durch die Aufdeckung sowjetischer Konzentrationslager entgegenwirken. Nicht nur ehemals nationalsozialistische Konzentrationslager wie Buchenwald wurden nach 1945 von den sowjetischen »Befreiern« und später von ihren SED-Helfern weiterbetrieben; es waren zudem andere Lager entstanden, in denen ehemalige Nationalsozialisten und »Kriegsverbrecher« saßen, aber auch alle diejenigen, die der sowjetischen Besatzungsmacht und der SED unbequem wurden. Die zunehmende Thematisierung solcher Tatsachen hatte einen starken Rechtfertigungsdruck zur Folge.[157]

Von den »stalinistischen« Verbrechen distanzierte man sich. Der gleichzeitige Hinweis auf die nationalsozialistischen (»faschistischen«) Verbrechen bezweckte aber eine Aufrechnung und Relativierung. Immerhin ist die vor 1989 übliche Rechtfertigung des Stalinismus – er sei wenigstens antifaschistisch gewesen, und die harten Maßnahmen sollten die faschistische Gefahr bannen – aufgegeben worden oder zumindest in den Hintergrund getreten.

Von besonderer Bedeutung für die moralische und tagespolitische Funktion des Antifaschismus war die »antifaschistische Kampfdemonstration« der SED-PDS am 3. Januar 1990 am sowjetischen Ehrenmal in Berlin-Treptow. Das Ehrenmal war am 28. Dezember 1989 mit Parolen beschmiert worden, die von der SED als »neofaschistisch« bezeichnet und zum Anlaß für eine Solidarisierungsaktion genommen wurden. Ebenfalls am 28. Dezember hatte das FDJ-Organ *Junge Welt* einen Artikel über die Ursachen des Entstehens, das politische Wesen und die Ausbreitung rechtsradikaler, neonazistischer Organisationen in der DDR von 1986 bis zum Oktober 1989 veröffentlicht. Der Autor berichtete, daß in der Zeit vor der »Wende« die politische Führung der DDR nicht an einer offenen Erörterung interessiert gewesen sei. Nun warnte aber nicht nur der in Ost-Berlin tagende »Runde Tisch« vor »neofaschistischen Tendenzen«

in der DDR. Zahlreiche Organisationen schlossen sich der SED-PDS an, etwa das Komitee der antifaschistischen Widerstandskämpfer, die Gesellschaft für Deutsch-Sowjetische Freundschaft, die ehemaligen Blockparteien mit Ausnahme der CDU, der FDGB, die FDJ, eine neugegründete linke Gruppe, die »Nelken«, ferner spartakistische und trotzkistische Gruppen, die SEW und die Sozialistische Deutsche Arbeiterjugend (SDAJ).[158]

Besonders hervorzuheben ist die Spartakist-Arbeiterpartei Deutschlands (SpAD), deutsche Sektion des internationalen trotzkistischen Dachverbandes International Communist League (New York). Diese Splittergruppe behauptete, die große Demonstration am 3. Januar 1990 initiiert zu haben. An dieser Großveranstaltung nahmen zwischen 100000 und 250000 Demonstranten teil, darunter der damals amtierende Vorsitzende des Staatsrats, Manfred Gerlach, Außenminister Oskar Fischer, der Ostberliner Oberbürgermeister Erhard Krack und der sowjetische Botschafter Wjatscheslaw Kotschemassow. Es wurden Parolen skandiert wie etwa: »Nazis raus – kein Viertes Reich«, »Rotfront gegen rechts«, »Schönhuber mit seiner braunen Pest hat bei uns keine Chance«, »Perestroika ja – Nazis nein«. Die Sudeleien am Ehrenmal beleidigten und verhöhnten angeblich die gefallenen sowjetischen Soldaten, die Völker der Sowjetunion sowie alle Antifaschisten. Die engen Bande der Freundschaft dürften durch solche Provokationen nicht zerrissen werden. In der Rede Gregor Gysis hieß es: »Unser Land ist in Gefahr, und zwar von rechts. Wir müssen diese Gefahr bannen, sonst brauchen wir über demokratischen Meinungsstreit und anderes gar nicht erst zu diskutieren. Wie wollen wir denn demokratisch wählen, wenn hier die Neonazis alle Freiräume besetzen?«[159] Diese spektakuläre Kundgebung hatte für die Veranstalter ungeahnte und unbeabsichtigte Folgen.

Zunächst fiel auf, daß die angeblichen »neofaschistischen Schmierereien« nie zitiert oder im Bild gezeigt wurden. Sie lauteten: »Besatzer raus«, »Völkergemeinschaft statt Klassenkampf« und »Nationalismus für ein Europa freier Völker«.[160] Vom Tatbestand der Sachbeschädigung abgesehen, rechtfertigten die Parolen weder die »antifaschistische« Polemik noch die Behauptung, die sowjetischen »Befreier« seien beleidigt worden. Auch kamen bald Vermutungen auf, bei dem ganzen Vorgang habe es sich um eine Manipulation der SED-PDS gehandelt, die sich auf diese Weise moralisch legitimieren wollte und überdies mit Blick auf die Volkskammerwahlen agiert habe, die damals noch für den 6. Mai 1990 geplant waren. Schon während der Kundgebung kam bei zahlreichen Teilnehmern das Gefühl auf, für die Zwecke der SED-PDS mißbraucht zu werden.[161] Die Partei glaubte offenbar zu diesem Zeitpunkt, Wähler für sich einnehmen zu können, wenn sie gegen »faschistische Tendenzen« auftrat.

Auch bei den Montagsdemonstrationen in Leipzig Anfang Dezember 1989 wurde vielfach gegen Rechtsextremismus und Wiedervereinigung agitiert.[162] Als die Demonstration in Berlin-Treptow zeigte, daß die SED-PDS mit ihren »antifaschistischen« Appellen durchaus Eindruck machte, setzte eine Gegenbewegung ein, die

die Wirkung gegen die Urheber der Kundgebung kehren konnte. In der linksalternativen *tageszeitung (taz)* wurde der SED vorgeworfen, durch die Art ihres Vorgehens unter DDR-Parteien und -Gruppen einen Konsens geradezu zu verhindern. Die Terminologie – »Kampfdemonstration«, »Einheitsfront gegen rechts« – sei die Sprache von gestern. Der Verdacht liege nahe, daß ein Spiel mit der Angst getrieben werde. »Antifaschismus« sei als Legitimation des realsozialistischen Staates obsolet geworden. Er habe sogar die Auseinandersetzung mit rechten Tendenzen unterbunden. »Antifaschismus« als wahlkampftaktisches Argument mache die SED nicht glaubwürdiger, dafür aber den Antifaschismus unglaubwürdiger: »Da die Partei nach wie vor ratlos den Scheiterhaufen ihrer stalinistischen Vergangenheit anstarrt, ist der Weg gewiß verführerisch, sich um einen sicheren Kern einer unveräußerlichen Identität zu scharen. Antifaschismus als Wagenburgmentalität und Wahlkampf als Abwehrkampf, das wäre der bequemste und fatalste Ausweg aus der unbewältigten Vergangenheit der Partei.«[163] Schon bald mutmaßte man, ehemalige Angehörige der Staatssicherheit hätten die Parolen geschmiert. Die ganze Aktion wurde als Betrugsmanöver und schwerer taktischer Fehler der neuen SED-Spitze bezeichnet.[164]

Da die manipulative Absicht der SED-PDS so deutlich ans Licht trat, schadete der Plan, eine »antifaschistische« Volksfront zu schaffen, letztlich nur seinen Urhebern. Der Mißerfolg der Aktion vom 3. Januar 1990 kam auch daher, daß die Verbindungen zum gerade überwundenen »Honecker-Sozialismus« unverkennbar waren. Im Anschluß an die Demonstration richtete die FDJ-Zeitung *Junge Welt* eine »antifaschistische Seite« ein, die vom 4. Januar 1990 an jede Woche Plattform einer »breiten antifaschistischen Abwehrfront gegen alle Formen von Neonazismus« werden sollte. In der ersten Ausgabe sprach man sich ausdrücklich gegen den Versuch aus, statt »Antifaschismus« den Begriff »Antinationalsozialismus« zu verwenden, da dieser letztlich antisozialistisch sein werde. In Anlehnung an Heinrich Mann hieß es: »Der neue Humanismus wird sozialistisch sein.«[165] In der gleichen Ausgabe wurde ausgerechnet das Ministerium für Staatssicherheit gerühmt, weil es »neben den vielen negativen Sachen, die über dieses Ministerium ans Tageslicht gekommen sind«, gerade bei der Abwehr der »Nazis« gute Arbeit geleistet habe. Deshalb solle jener Teil des Ministeriums fortbestehen, der für dieses Gebiet verantwortlich gewesen sei. Denn im früheren MfS habe es auch viele gute, ehrliche Leute gegeben und nicht nur »solche Verbrecher wie Mielke und Konsorten«.[166] Kein Wunder, daß den Mitdemonstranten der SED-PDS angesichts solcher Äußerungen Bedenken kamen.

Der Versuch der SED-PDS, mit Hilfe »antifaschistischer« Bündnisse verlorenes Terrain wiederzugewinnen, Macht, Einfluß und Positionen zu sichern, mobilisierte in einem so erheblichen Umfang Gegenkräfte, daß ab Januar 1990 die Entmachtung und Auflösung des Staatssicherheitsdienstes, die Beseitigung personeller SED-Verflechtungen und das Einheitsstreben verstärkt wurden. Die Aktion der SED-PDS richtete sich gegen sie selbst. Wenn der »Antifaschismus« dennoch weiter propagiert wurde, beweist das lediglich den ideologischen Zusammenbruch der SED-Herrschaft, deren Anhängern nur noch der »Antifaschismus« als kleinster gemeinsamer Nenner blieb.

Das kann man dem Aufruf »zur Gründung einer Organisation der Antifaschisten der DDR« vom März 1990 entnehmen: »Heute stehen wir gemeinsam in der großen Verantwortung, die antifaschistischen Werte unserer Gesellschaft entschlossen zu verteidigen und zugleich in den begonnenen Prozeß zur Herstellung der Einheit Deutschlands einen lebendigen und erneuerten Antifaschismus, getragen von einer breiten demokratischen Basis, als aktives Element einzubringen. Mit tiefer Sorge sehen wir aber auch die Gefahren, die sich in unserem Land zunehmend für den Antifaschismus, Humanismus und die Demokratie auftun und die sich derzeit vor allem in rechtsextremen, antisemitischen, revanchistischen, ausländerfeindlichen Erscheinungen, in Verletzungen der Menschenwürde und Intoleranz zeigen.« Der Aufruf tritt auch für die Rehabilitierung »aller Opfer des Stalinismus« ein und erstrebt »unabhängig von politischer Ordnung, Konfession, Nationalität und Hautfarbe« ein »antifaschistisches Vaterland«. Abschließend heißt es: »Laßt uns im breitesten antifaschistischen Konsens zusammengehen für die deutsche Volkssouveränität, für uneingeschränkte Menschenrechte und demokratische Freiheiten, für die Rechte der Jugend und der Frauen, für eine antifaschistisch-demokratische und humanistische Bildungsarbeit, für soziale Gerechtigkeit, für die Gleichberechtigung unserer ausländischen Mitbürger, für eine Welt ohne Waffen, für ein friedliches Europäisches Haus und eine umweltfreundliche, auf den Wohlstand gerichtete Zukunft der Menschen.«[167]

Dieser Gründungsaufruf ist in einer bezeichnend defensiven Sprache gehalten, enthält keinerlei direkten Bezug zu sozialistischen Vorstellungen, ist aber gleichwohl von mobilisierender Kraft, vor allem wegen der eindringlichen Warnung vor akuten »neonazistischen« Gefahren.

Jedem Kundigen hätte aber klar sein müssen, daß »antifaschistisch-demokratisch« ein Synonym für »sozialistisch« ist. Die Bedeutung des »Antifaschismus« nahm auch deshalb ab, weil die DDR-Opposition vor 1989 sich dieses Schlagwortes bedient hatte, um sich glaubwürdig zu machen und um Gegenaktionen der noch an der Macht befindlichen SED zu unterlaufen, die sich ja nicht gut gegen den von ihr selbst propagierten Antifaschismus wenden konnte.

Ein besonderes Kunststück im manipulativen Gebrauch des Antifaschismus brachte Manfred Gerlach zustande. Gerlach, maßgeblicher Repräsentant des alten Systems, Vorsitzender der LDPD, zeitweiliger DDR-Justizminister, Mitglied und nach der Wende amtierender Vorsitzender des Staatsrates, benutzte den »Antifaschismus« dazu, die Blockbindung seiner Partei an die SED zu begründen. Zugleich aber sollte er Selbständigkeitsbestrebungen der Anti-SED-Opposition legitimieren. In einer Rede zum 40. Jahrestag der DDR stellte Gerlach fest: »Antifaschistische Politik war und ist ihrer Bestimmung nach demokratische Politik, beruht sie doch auf

Lebensinteressen aller Klassen und Schichten [...], erinnert sei in dieser Stunde an die Orientierung auf die antifaschistische Umwälzung in Deutschland, die die demokratischen Energien, den Erneuerungswillen und die Bereitschaft zur historischen Wende, die nach der Befreiung vom Faschismus überall im Lande zu verspüren waren und die auch die LDPD auf ihre Weise artikulierte, gleichsam bündelte, ihnen Ziel und Richtung gab.«[168]

Darüber hinaus mahnte Gerlach mit dem »Antifaschismus«-Argument die SED zur Toleranz. In einer Rede zum 100. Geburtstag von Carl von Ossietzky heißt es: »Was Ossietzky quälte, war die schreckliche Vorstellung, die Republik könne an der gegenseitigen Unduldsamkeit der Antifaschisten unterschiedlicher Weltansicht zugrunde gehen. Was Liberaldemokraten heute mit Sorge erfüllt, ist, daß sich die politische Wachsamkeit auch gegen Bürger zu kehren beginnt, die sich, in ihrem demokratischen Verständnis von Humanismus, von Dasein für Mitmenschen folgend, kooperativ an der Gestaltung des Sozialismus beteiligen wollen, aber Gefahr laufen, als Quertreiber ausgegrenzt zu werden. In diesen Fällen melden wir uns zu Wort und sagen: Da wird guter Wille mißdeutet, da werden kritische Gedanken als Ausfluß bürgerlicher Ideologie in die antisozialistische Ecke gestellt, da werden zuweilen Tatbereitschaft und Engagement, nur weil sie sich nicht an gewohnte Regeln halten, als oppositioneller Versuch zurückgewiesen, und da wird die Frage, ob Militärparaden genauso wie früher ihren Sinn hätten, kurzerhand mit Relegation von der erweiterten Oberschule geahndet, die obendrein den

Namen Carl von Ossietzky trägt.«[169] Hier wird der Antifaschismus benutzt, um Meinungsfreiheit für die sich im September 1989 formierende DDR-Opposition zu beanspruchen und zu adeln.

Gerlachs unausgesprochenes Angebot an die SED lautet: Wir sind doch alle »Antifaschisten«. Verratet nicht den humanistischen Geist des Antifaschismus, indem ihr repressive, also faschistische Methoden anwendet! In ähnlicher Weise bedienten sich oppositionelle Kräfte antinationalsozialistischer und »antifaschistischer« Vorstellungen, offenbar um die SED an Aktionen gegen die Opposition zu hindern. In Leipzig wurde vor Beginn einer regimekritischen Demonstration am 4. September 1989 des Überfalls deutscher Truppen auf Polen und des »namenlosen Leids, das damit über unser Nachbarvolk hereinbrach«, gedacht.[170] Dagegen konnte die SED nicht gut vorgehen.

In einem vom Demokratischen Aufbruch (DA) im Oktober 1989 in Ost-Berlin anläßlich einer Demonstration verteilten Flugblatt wird die Verwirklichung aller in der Verfassung garantierten Menschenrechte gefordert, so das Recht auf Freizügigkeit und auf Meinungsfreiheit, mit der ausdrücklichen Einschränkung: »außer wenn damit faschistisches, chauvinistisches und militaristisches Gedankengut propagiert wird«.[171] Der DDR-Schriftsteller Rolf Schneider wandte sich gegen die Versuche der SED-PDS vom Januar 1990, den Antifaschismus zu instrumentalisieren. Neonazis in der DDR, so Schneider, seien Fleisch vom Fleische der alten SED. Viele junge Neonazis kämen aus kommunistischen Funktionärsfamilien. Die SED-PDS solle die Schuldfrage zuallererst sich selber stellen. »Statt dessen ruft sie pathetisch nach einer Einheitsfront gegen rechts« und wolle das Land »nicht zur Heimstatt von Faschisten« werden lassen. Sie wirke darin so glaubwürdig wie der Hitler-Stalin-Pakt. Antifaschismus sei einer von den wenigen Begriffen, auf die sich in der DDR fast alle Leute einigen könnten; er lade darum förmlich ein zur Demagogie.[172]

Die SED-PDS sah sich jetzt häufiger Angriffen ausgesetzt, in denen sie und ihre Methoden mit nationalsozialistischen Vorgehensweisen verglichen wurden. Selbst wenn es sich hier nur um polemische Angriffe handelte, war sie doch in eine grundsätzliche Defensivposition geraten, um so mehr, wenn beispielsweise die Konzentrationslager vor und nach 1945 verglichen wurden.[173] Auf diese Kritik reagierten die SED-PDS und vor allem die ihr anhängenden Intellektuellen mit Unsicherheit, teils aggressiv, teils defensiv, aber immer mit tagespolitischen, nie mit theoretisch vertieften Argumenten.

So wurde die Kritik am »Antifaschismus« oft als tendenziell »faschistisch« denunziert. Diese Kritik beabsichtige, das »antifaschistische« Engagement gegen die »Neofaschisten«, insbesondere gegen die Republikaner, zu schwächen. Eine andere Reaktion war die selbstkritische Distanzierung vom »ritualisierten« SED-»Antifaschismus«. Die Schwierigkeiten, die mit dem »Antifaschismus« nach der Wende entstanden seien, lägen darin begründet, daß er zu den ehernen Prinzipien »einer in Verruf gekommenen Staatspolitik« gehört habe. Die Zunahme des Rechtsextremismus seit Herbst 1989 lege die Frage nach der Wirksamkeit »antifaschistischer« Erziehung nahe. Die Chance, den »Antifaschismus« zum Fundament einer politischen Kultur nach 1945 zu machen, sei nicht genutzt worden. »Andersdenkende«, das heißt Nichtsozialisten, seien ausgegrenzt worden. Faschismus und Stalinismus würden zwar von ihrer Herkunft und Zielsetzung nicht übereinstimmen, schienen aber in einigen Formen der Herrschaftsstruktur identisch zu sein. Die Berichte über die Verfolgung von Walter Janka[174] enthüllten »faschistische« Strategien. »Antifaschistische« Ideale seien mit falschem Inhalt besetzt worden, so daß man jetzt vor einem Scherbenhaufen stehe.

Andererseits sei aber nicht zu übersehen, daß der »Antifaschismus« Eingang in die Programmatik der meisten politischen Bewegungen und Parteien nach dem Oktober 1989 gefunden habe. Dieses Bekenntnis sei aus der »antifaschistischen« Identität der DDR erwachsen. Angesichts zunehmender rechtsradikaler und neofaschistischer Erscheinungen bestehe indessen akuter Handlungsbedarf. Allerdings sei es schwierig, einen Konsens für die Arbeit zu finden, die (»antifaschistische«) Gemeinsamkeiten höher stelle und ermögliche.[175] Zur Selbstkritik am »ritualisierten Antifaschismus« gehört die unzutreffende These, man habe sich in der DDR vor der Wende vom Oktober/November 1989 mit dem Faschismus nicht wissenschaftlich auseinandergesetzt.[176]

Einer der seltenen Versuche, das Versagen des staatsoffiziellen »Antifaschismus« analytisch zu klären, argumentierte, daß die DDR-Gesellschaft undifferenziert harmonisch dargestellt worden sei. Das verkürzte und einseitige Geschichtsbild habe eine echte Auseinandersetzung mit dem Faschismus unter dem Aspekt der individuellen Schuld und die offene Auseinandersetzung mit »neofaschistischen« Tendenzen verhindert. Die DDR-Geschichte sei zu undifferenziert als konfliktfreier stetiger Weg zum Besseren und nicht als widersprüchlicher, opferreicher Entscheidungsprozeß dargestellt worden.[177] So lautet schließlich das Ergebnis, daß der »Antifaschismus« an sich zwar gut gewesen sei, daß aber die Verwalter des »antifaschistisch-demokratischen« Erbes sich als unfähig erwiesen hätten.[178]

Der »Antifaschismus« hat auch nach den Erschütterungen durch die »Wende« seine Mobilisierungskraft behalten, gerade weil er weniger rational und stärker emotional auftritt. Die Angst vor dem »Faschismus« wird geschürt, weil mit dem Zusammenbruch des »Realsozialismus« Unsicherheit und Desorientierung zugenommen haben. Für die PDS war der Antifaschismus eine Art Lebensversicherung, gab diese Partei doch vor – und die Nachfolgerin, Die Linke, tut es immer noch –, gegen den Faschismus zu kämpfen und das Erbe seiner Opfer zu wahren.[179]

4.2. Deutsche Einheit und Antifaschismus

Mit der Auflösung des Ostblocks und der DDR kam es zu einer Krise der systemtragenden Werte. Auch der Antifaschismus, Daseinsräson des DDR-Regimes, konnte davon nicht unbeeinflußt bleiben. Weil nach der Wende

4. ANTIFASCHISMUS NACH 1989

1989/90 rechtsextreme Tendenzen zunahmen und deutlich wurde, daß es schon Jahre zuvor ähnliche Erscheinungen gegeben hatte, wurde die Wirkungslosigkeit des staatsoffiziellen Antifaschismus deutlich. Das Schlagwort vom »verordneten Antifaschismus« kam auf. Damit sollte kritisiert werden, daß der rechtlich und politisch verbindliche Antifaschismus oberflächlich geblieben war und das Bewußtsein der Staatsbürger nicht erreicht hatte. Dennoch ist die These vom »verordneten Antifaschismus« fragwürdig. Denn wenn man sich auf den Boden der marxistischen Faschismusdeutung stellt, war die antifaschistische Haltung der DDR durchaus konsequent und effektiv.

Nach marxistischer Auffassung ist der Faschismus eine Funktion des Kapitalismus. Nur solange sie sich sicher fühlen, akzeptieren die Herren des Kapitals demnach Liberalismus und Demokratie. Fühlen sie sich bedroht, heuern sie eine »faschistische« Prätorianergarde an, die antikapitalistische, revolutionäre Bewegungen niederhält. Wahrer »Antifaschist« kann also nur sein, wer die private Verfügungsgewalt über Produktionsmittel aufheben will. Damit wäre den »Faschisten« und ihren Förderern die sozioökonomische Basis entzogen.

Genau dies wurde aber seit 1945/46 in der SBZ bzw. DDR praktiziert. Alle »faschistischen, militaristischen und rassistischen« Äußerungen wurden mit Härte unterdrückt. Daß sie gelegentlich vorkamen, beweist keine Inkonsequenz in deren Bekämpfung, ebensowenig die Tatsache, daß zahlreiche ehemalige Nationalsozialisten »in Pankows Diensten« standen, wie westliche Propagandabroschüren behaupteten und bewiesen. Da den ehemaligen Nationalsozialisten die sozioökonomische Basis entzogen war, konnten sie der marxistischen Theorie zufolge nicht gefährlich werden. Genau diese Konsequenz erschien bis 1989 vielen westdeutschen Volksfrontapologeten und anderen, die auf eine Verständigung mit der SED hofften, als vorbildlich. Auch in Westdeutschland wurde das Verbot aller »faschistischen und militaristischen« Organisationen gefordert. Die marxistische Faschismustheorie ließ dabei allerdings außer acht, daß der sogenannte Faschismus nicht nur sozioökonomische und soziostrukturelle, sondern auch sozialpsychologische Gründe hat, die von der »Basis«, nämlich der sozioökonomischen Struktur, unabhängig sind.

Kritik am »verordneten Antifaschismus« ist auch deshalb unberechtigt, weil in Westdeutschland der Kampf gegen rechtsextreme Erscheinungen, gegen den sogenannten Faschismus oder Neofaschismus, ebenfalls »verordnet« war. Teilweise gab und gibt es verfassungsmäßige und gesetzliche Regelungen. Die Badische Verfassung von 1947 ist tatsächlich – was vom Grundgesetz fälschlich behauptet wurde – eine »antifaschistische« Verfassung. Das Gesetz gegen die sogenannte Auschwitz-Lüge und die früheren Entnazifizierungsgesetze zählen zu den in diesem Sinne »antifaschistischen« Verordnungen. Darüber hinaus ist aber alles Rechte und Rechtsextreme auch gesellschaftlich, von der herrschenden Meinung, geächtet. In Westdeutschland gab es mithin einen gesellschaftlich verordneten Antifaschismus. Gesetzliche Regelungen und gesellschaftliche Ächtung haben jedoch auch hier das Entstehen rechtsextremer Gruppen und Bestrebungen nicht verhindern können.

Die Behauptung, der DDR-Antifaschismus sei wirkungslos gewesen, da von oben verordnet, ist eine linke Bewältigungslegende. Deren Aufgabe ist es, die belastete SED-Staatsdoktrin abzulehnen, um auf diese Weise einem »besseren« Antifaschismus Attraktivität zu verleihen. Wie sollte dieser aussehen?

Intellektuelle und Künstler in Ost und West versuchten, mit dem »Antifaschismus« die Eigenart der DDR zu erhalten und die Wiedervereinigung zu verhindern. Diese antinationale Zielsetzung war zugleich eine prosozialistische. Unter Ablehnung des verkürzt und verfälschend als Stalinismus bezeichneten »real existierenden Sozialismus« wurde eine sozialistische Erneuerung auf »humanitärer« Basis erstrebt – dies sollte nur bei Aufrechterhaltung der Eigenstaatlichkeit der DDR möglich sein. Die antifaschistisch-demokratische Periode der SBZ bzw. der DDR von 1945 bis 1949 wurde als positiv, als Aufbruch und Aufbau einer besseren Ordnung romantisiert. Daß gerade diese Zeit ein Abschnitt schlimmsten stalinistischen Terrors war, wurde verdrängt, verschwiegen und geleugnet. Die Bundesrepublik galt demgegenüber als kapitalistisch, als ein Staat der Bourgeoisie, so daß eine Wiedervereinigung in Form eines »Anschlusses« an die Bundesrepublik das Ende jeglichen Sozialismus bedeuten würde.

Mit dem Untergang des »real existierenden Sozialismus« hat der Antifaschismus an Bedeutung, Einfluß und Gewicht verloren. Grundsätzlich hat er aber seine Funktion behalten, indem er sich als Fluchtpunkt für eine gesellschaftliche Utopie darstellt, als eine Art Sozialismusersatz. Er dient heute nicht zuletzt der Aufrichtung verstörter Intellektueller. Die moralische Komponente ermöglicht es, ihn gegen alles »Faschistische« einzusetzen – vom bourgeoisen Establishment über den sogenannten Rechtspopulismus bis zu den Radikalen und den Extremisten am rechten Rand. Er hält auch die Erinnerung an den Nationalsozialismus wach, der sonst angeblich in Vergessenheit gerät oder angesichts der Taten der kommunistischen Regime relativiert werden könnte. So meinten auch westliche Beobachter, Auschwitz werde keine Bannformel bleiben, bei der die Deutschen in angestrengte Selbstbetrachtung verfielen, um sich schließlich in der Exklusivität der Schuld als etwas Besonderes zu erkennen.[180]

In der Tagespolitik soll der Antifaschismus gesellschaftskritischen Einzelkämpfern, aber auch Parteien und sogenannten zivilgesellschaftlichen Organisationen die moralische Legitimation für ihren Kampf gegen die etablierte Ordnung geben. Zugleich festigt er die eigene Position, da jeder Gegner gezwungen zu sein scheint, zu beweisen, daß er kein Faschist ist. Zahlreiche »progressive« Intellektuelle distanzieren sich heute vom »real existierenden Sozialismus«, da er preußisch, bürokratisch, staatsorientiert und asketischen Idealen verpflichtet gewesen sei. Sie wenden sich einem hedonistischen Gefühlssozialismus zu, wobei der Antifaschismus wegen seines angeblichen humanitären Eintretens gegen Ungleichheit das moralische Argument liefert.

Gleich nach der »Wende« wurde versucht, den Zusammenbruch des Sozialismus als Sieg des Kapitalismus zu deuten und vorauszusagen, daß dies zur Erneuerung des Rechtsextremismus führen werde. Der Kapitalismus galt ja als Ursprung des Faschismus. Auch in Zukunft werde der Kapitalismus den Faschismus fördern, weil sich nicht nur die wirtschaftliche Effektivität steigere, sondern auch der soziale Problemdruck erhöht werde. Rechter Fundamentalismus werde die Folge sein.[181] Ralph Giordano meinte, das DDR-Regime habe zwar die ökonomische Basis des Faschismus zerschlagen, aber keinen Raum für klassische bürgerliche Freiheiten gelassen; es habe den »Antifaschismus« verordnet.[182] Ganz im Sinne Giordanos vertrat auch Arno Klönne die Auffassung, »Antifaschismus« lasse sich nicht polizeistaatlich verordnen. Die freie Debatte sei notwendig. Wofür? Um das »Aufkommen von politischen Gefühlen und Weltbildern, die ihre Verwandtschaft mit dem Faschismus haben«, zu vermeiden.[183] Gab es in Westdeutschland keine freie Diskussion? Oder wie erklärt es sich, daß auch dort, wo der »Antifaschismus« nicht »polizeistaatlich« verordnet war, Rechtsextremismus hervortrat?

Frieder O. Wolf kritisierte das »antifaschistische« Geschichtsbild. Der historische »Antifaschismus« der 1930er und 1940er Jahre sei widerspruchsvoll gewesen. Durch den Kampf gegen den »Sozialfaschismus« der Sozialdemokraten und die Bolschewisierung und Stalinisierung der KPD seien die Einseitigkeit und die Halbherzigkeit des offiziellen »Antifaschismus« verborgen geblieben. So zutreffend der sachliche Gehalt dieser Kritik ist, fragt sich doch, ob offene Diskussionen unter Historikern den sogenannten Faschismus stoppen können, denn in der westlichen Welt hat es an offener Diskussion nicht gefehlt.[184]

Die Deutung des »Antifaschismus« hat sich seit 1989/90 qualitativ, nicht quantitativ verändert. Die Zunahme innerer sozialer und politischer Spannungen und das Erstarken eines virulenten Rechtsextremismus scheinen den Skeptikern von 1989 recht zu geben. Obwohl der Anspruch des Sozialismus, Bewegungsgesetze von Geschichte und Gesellschaft zu kennen und sichere Prognosen zu liefern, gescheitert ist, hat sich bestätigt, daß die »Re-Kapitalisierung der ehemals sozialistischen Staaten« den »Faschismus« begünstigt. Da es den Kritikern nicht um Bestandsaufnahme, sondern um theoretisch angeleitete Praxis geht, stellt sich die Frage, welches Ziel sie haben. Sie wollen keinen asketischen Sozialismus, der »preußische Werte« vertritt, sondern einen hedonistischen, anarchistisch-libertären Sozialismus, der Antikapitalismus und individuelle Freiheit miteinander verbindet. Der Sozialismus entwickelt sich von der Wissenschaft zur Utopie zurück.

4.3. Die PDS, die extreme Linke, Autonome und Anarchos

Offiziell distanzierte sich die PDS vom »Realsozialismus«. Intern aber war sie in dieser Frage durchaus gespalten. Was die politische Theorie betrifft, so war und ist auch die Nachfolgepartei, Die Linke, weiterhin orientierungslos und zersplittert. Um so größere Bedeutung hat ein moralisch argumentierender »Antifaschismus«, auf den sich die gegensätzlichen Strömungen innerhalb der Partei einigen können.

Nach außen diente der »antifaschistische« Mythos der moralischen Rechtfertigung, die der diskreditierte marxistische Sozialismus nicht gewährleisten konnte. Zugleich ermöglichte der »Antifaschismus« die Integration linksextremer Gruppen und Personen, die gegen den »real existierenden Sozialismus« opponiert hatten. Zwei Bundestagsabgeordnete der PDS, Andrea Lederer und Ulla Jelpke, kamen aus dem maoistischen Kommunistischen Bund, der andere Positionen als die SED vertreten hatte. Mit der PDS dagegen war eine enge Zusammenarbeit möglich geworden.

Durch zunehmende rechtsextreme Aktivitäten seit der Wiedervereinigung fühlten sich die PDS und das sonstige linksextreme Spektrum in der Meinung bestätigt, daß Kapitalismus und »Faschismus« zusammengehörten. »Antifaschismus« bedeutet für die Linksextremen immer auch Klassenkampf, also Kampf gegen Marktwirtschaft und liberale Demokratie. Der Zusammenbruch der DDR entzog den an der Sowjetunion und der DDR orientierten Kommunisten in Deutschland mit einem Schlag den Boden. Aber auch die anarchistischen Linken gerieten zunehmend in Schwierigkeiten. So diskutierten traditionelle Kommunisten und »neue Linke« über künftige politische Linien, Strategien und Taktiken, ungeachtet der hergebrachten Abgrenzungen.

Die Vereinigung der Verfolgten des Naziregimes – Bund der Antifaschisten (VVN-BdA) büßte ihre führende Rolle in der »antifaschistischen« Bewegung ein. Sie blieb zwar die mitgliederstärkste altkommunistische Bündnisorganisation; ohne die Zahlungen der SED stellt die VVN-BdA jedoch nicht mehr viel auf die Beine. In landesweiten, regionalen und örtlichen »antifaschistischen« Bündnissen ist sie aber immer noch aktiv. Nicht zu unterschätzen sind die politischen Erfahrungen, die die VVN in neue Bündnisse einbringen kann.[185]

Bezeichnend war die Art der »Vergangenheitsbewältigung« bei der VVN. Am 9./10. Juni 1990 beschloß der VVN-Bundeskongreß das Weiterbestehen der schwer erschütterten Organisation. Ein (selbst-)kritischer Beobachter stellte fest: »Mit den Inhalten antifaschistischer Politik hat [man] sich allerdings nicht befaßt. [...] Die Mehrheit des Bundeskongresses wollte erklärtermaßen keine ›theoretischen‹ Diskussionen, erst recht keine ›rückwärts gewandten‹, ›selbstzerfleischenden‹ oder ›lähmenden‹ Diskussionen, wie der Ruf nach Reflexion vergangener Fehler und Blindstellen genannt wurde. Die Mehrheit war nicht bereit, über die eigene Vergangenheit, aber auch nicht über Inhalte und Politik zu debattieren. Gleichzeitig wurden sehr schnell und oft die Ungereimtheiten und Fehler der alten Politik mit den ›Sachzwängen des Kalten Krieges‹ begründet und entschuldigt [...]. Doch weil über die Inhalte der Politik, die mit Hilfe dieser Organisation betrieben werden soll, nicht diskutiert wurde (alle Anträge blieben unbehandelt!), droht eine Politik ohne Inhalte. Dabei war es doch nicht nur die totale Abhängigkeit der alten VVN von den Finanzen aus der DDR, die zum Fiasko führte, als diese Finanzen ausblieben. Zum Zusammenbruch trug ja wohl auch vor allem jene Politik bei, die eine solche finanzielle und politische Abhängigkeit zum Inhalt hatte und die wegen ihrer autoritären Strukturen die Wirksamkeit antifaschistischer Bemühungen minderte, wenn nicht gar aufhob. Die Tatsache, daß in der DDR, also dort, wo jahrzehntelang ein von oben verordneter Antifaschismus an der Tagesordnung war, der jedoch mit einem autoritär strukturierten Regime einherging, heute nationalistische, fremdenfeindliche und rassistische Tendenzen stark hervortreten, weist eindringlich darauf hin, daß solche Art von Antifaschismus, der mit antiemanzipatorischen Herrschafts- und Denkstrukturen verbunden ist, Nationalismus und Neofaschismus nicht verhindert.

Das wirft zugleich die Frage auf, ob die Verkürzung, (nur) ›Kapitalismus führt zum (Neo-)Faschismus‹, überhaupt stimmen kann. Wie nämlich sind dann nach 40 Jahren antikapitalistischer Herrschaft die rechtsextremen und neofaschistischen Erscheinungen in der DDR zu erklären? In der VVN gab es mehrere Versuche, darüber die Diskussion zu führen und damit zugleich über Inhalte und Formen antifaschistischer Politik. Damit verband sich das Bestreben, die Organisation VVN zu erhalten, sie aber umfassend zu demokratisieren, um Wiederholungen eines autoritär strukturierten Antifaschismus (der ein Widerspruch in sich und deshalb letztlich unwirksam ist) entgegenzuwirken.«[186]

Ein Beweis für die Vernetzung der verschiedenen Antifa-Organisationen ist die korporative Mitgliedschaft der VVN-BdA in der früher sowjetisch gesteuerten, aber noch bestehenden Fédération Internationale des Résistants (FIR). Deren korporative Mitglieder sind auch die »Lagergemeinschaften« von ehemaligen KZ-Häftlingen, die ihrerseits mit der VVN-BdA verbunden sind. Es gibt je eine für Ravensbrück, Sachsenhausen, Buchenwald und Auschwitz. Auch sie haben einen internationalen Überbau, das Internationale Auschwitz-Komitee.

Die Bereitschaft zur vollständigen Aufarbeitung der Vergangenheit war auch in den »neuen« Antifa-Organisationen gering. Auf dem Gründungskongreß des Bundes der Antifaschisten (BdA) am 12./13. Mai 1990 in der ehemaligen FDJ-Hochschule am Bogensee kam es zu einer Diskussion über den Stalinismus mit dem bezeichnenden Ergebnis, es dürfe kein »Gleichzeichen« zwischen »Faschismus und Stalinismus« gesetzt werden. »Darum konnte auch der Auffassung von einzelnen Teilnehmern, den Bund der Antifaschisten auch mit dem Zusatz Bund der Opfer des Stalinismus zu versehen, nicht entsprochen werden. Kontrovers wurde auch diskutiert zu der Fragestellung, ob eine ›übertriebene‹ Auseinandersetzung mit dem Stalinismus nicht die Gefahr in sich birgt, den Widerstand gegen Neonazismus, Ausländerfeindlichkeit, Antisemitismus zu belasten und zu lähmen.«[187]

Organisatorisch ungebundene »antifaschistische« Aktivisten, die sich selbst als »Autonome« bezeichnen, sehen seit eh und je im »Antifaschismus« eine Möglichkeit, ihre lockeren Strukturen zu festigen und ihren subversiven Zielen näher zu kommen. So heißt es über ein »Diskussionspapier zur autonomen Organisation«, welches von Autonomen aus Göttingen stammt: »Autonome sollten sich unter dem Vorzeichen ›Antifa‹ organisieren von den Städten und Gemeinden bis zu bundesweiten Treffen. Die Stärke des autonomen Antifaschismus liege in dessen großer Mobilisierungsfähigkeit. Über die antifaschistische Selbsthilfe werde militante Praxis in den eigenen Reihen verankert und von anderen Menschen als legitim akzeptiert. Die Auseinandersetzung mit Nazis führte zwangsläufig zur Auseinandersetzung mit der Staatsmacht, den Bullen, damit erreicht der Kampf neue Dimensionen.«[188]

»Autonome« Gruppierungen hatten nach der Wende vermehrt Zulauf. Das Bundesamt für Verfassungsschutz gab die Zahl von 2300 »Autonomen« plus ein mobilisierungsfähiges Umfeld von mehreren tausend Personen mit Gewaltbereitschaft für das Jahr 1990 an.[189] Drei Jahre später sollen es etwa schon 5000 gewesen sein. Diese gewaltbereite Gruppierung hat kein einheitliches ideologisches Konzept; sie definiert sich über ein gemeinsames Lebensgefühl. So verbindet die verschiedenen »autonomen« Strömungen der Haß gegen Staat und Gesellschaft, auch »militante Antistaatlichkeit« genannt. Das ganze System müsse beseitigt werden. Die Autonomen halten Gewalt für unerläßlich. Der Wille zum Widerstand müsse sich praktisch in »militanten Angriffen« ausdrücken.

Diese »Antifa«-Gruppen erklären in Flugschriften und Szeneblättern, zwischen bürgerlicher und »faschistischer« Ideologie gebe es keine wesentlichen Unterschiede. Teilweise greift man auf Faschismusthesen der Marxisten-Leninisten zurück. Der bürgerliche Staat dulde oder veranlasse faschistischen Terror, um Vorwände für reaktionäre Maßnahmen gegen Linke zu finden. Für die Autonomen sei es wichtig, die »Faschos« von der Straße zu verdrängen, um die persönliche Bedrohung auszuschalten und zu verhindern, daß sich »faschistische« Propaganda ausbreiten könne. Anhänger autonomer Gruppierungen recherchieren und veröffentlichen immer wieder steckbriefähnliche Informationen über Anhänger rechter und rechtsextremer Organisationen und befürworten gezielte Angriffe auf solche Personen. Der Parole »Schlagt die Faschisten, wo ihr sie trefft« setzten Autonome im Ruhrgebiet die Empfehlung hinzu: »Trefft die Faschisten, wenn ihr sie schlagt«.

Linksextreme Autonome bauten in Berlin eine Antifa-Jugendfront (AJF) mit überregionalem Anspruch auf, die Anfang 1992 bereits 25 Ortsgruppen umfaßte. In einer Broschüre *Tips und Trix für Antifas* (50 Seiten) werden Gewaltaktionen als »antifaschistischer« Widerstand propagiert. Da die Aktionen illegal seien, müßten sie sehr gut vorbereitet werden. Um »Bullenknüppel« abzuhalten, könnten Stangen an Transparenten eingezogen werden. Zum »antifaschistischen« Selbstschutz empfehle sich geeignetes »Werkzeug« wie Tränengas, Holz und ähnliches. Vor Demos und Kundgebungen werde oft gefilzt. Falls trotzdem Waffen benötigt würden, müsse man sich genau überlegen, wie man sie reinkriege. Knüppel und anderes Handwerkszeug hätten nur dann einen Sinn, wenn man sie beherrsche. Training sei notwendig.

Neben allgemeinen praktischen Hinweisen über Vorbereitungen von Aktionen sowie Plakatieren und Sprühen gibt die Broschüre auch einen Eindruck über den ideologischen Hintergrund der Antifa-Jugendfront. Dort wie auch in der Zeitschrift *Antifaschistisches Infoblatt* und dem *Antifa-Jugendinfo* wird der Staat mit »faschistischen« Tendenzen in Verbindung gebracht. »Faschistische« Gruppen arbeiteten im Interesse von Großkapital und staatlichen Institutionen. Ganz im Stil des SED-»Antifaschismus« werden alte Phrasen gedroschen. Der Polizeiapparat schütze die »Faschisten« und gehe einseitig gegen »Antifaschisten« vor. Deshalb werden in der Broschüre *Tips und Trix für Antifas* den Themen Festnahmen, Prozesse und Knast sowie Observationen durch staatliche Institutionen eigene Kapitel gewidmet. Man handelt nach dem Motto: »Kampf dem Faschismus und dem System, das ihn schützt! Gemeinsam die antifaschistische Selbsthilfe organisieren!«[190]

4.4. Antifaschistische Gewalt

Die Gewaltbereitschaft hat bei »antifaschistischen« Aktivitäten nach 1990 im gleichen Maße zugenommen, wie der theoretische Gehalt mit dem Zusammenbruch des Realsozialismus abgenommen hat. Die BWK-beeinflußte »Volksfront gegen Reaktion, Faschismus und Krieg« arbeitete regelmäßig mit den örtlichen autonomen Gruppen zusammen. Wenn diese Organisation hier als Beispiel gewählt wird, darf nicht außer acht bleiben, daß praktisch das gesamte linksextreme Spektrum in Bündnissen mit »Autonomen« auftritt. Nichtsdestoweniger wurde und wird die Gewaltfrage in den eigenen

Reihen diskutiert, weil man auch außerhalb der gewalttätigen Gruppen bündnisfähig sein möchte. In Diskussionsbeiträgen in der Verbandszeitschrift *Volksecho* hieß es u. a., wer es engagierten Volksfrontlern untersagen wolle, den »Faschisten« Paroli zu bieten, wolle aus der »Volksfront« eine gewaltfreie Jammerorganisation machen. Die Parole »Schlagt die Faschisten, wo ihr sie trefft« müsse auch in der »Volksfront« Berechtigung haben. Deren Mitglieder seien keine Pazifisten, sondern revolutionäre »Antifaschisten«. Gewaltsame Auseinandersetzungen mit den »Faschisten« und meistens auch mit der sie unterstützenden Polizei seien unumgänglich und notwendig.

Die Antifa-Jugendfront rechtfertigt die Gewaltanwendung so: »›Gewalt erzeugt Gegengewalt.‹ Diesen Spruch bekommen wir oft an den Kopf geworfen, wenn wir gegen Nazis militant vorgehen. Eine Feststellung, die wohl besagen will, irgendwo hat irgendwer irgendwen auf's Maul gehauen, und seitdem gibt es halt Gewalt. Wie bei zwei Jugendgangs, die grund- und sinnlos in einer nicht endenden Gewaltspirale jedesmal meinen, sich aneinander rächen zu müssen. Leute, die meinen, mit solchen Weisheiten beispielsweise erklären zu können, warum es Nazis und Antifas gibt, haben offensichtlich von den realen Gegebenheiten auf der Straße keine Ahnung.«[191]

Die Hemmschwelle zur Gewaltanwendung ist in Kreisen der »antifaschistischen Widerstandskämpfer« deutlich gesunken, und zwar keineswegs als Reaktion auf rechtsextreme Gewalt. In einer undatierten Broschüre *Die antifaschistische Selbsthilfe organisieren* fordern »autonome Antifaschisten« zu Angriffen auf Rechtsextremisten auf. Ein erster Schritt sei es, Bilder und Adressen von »Faschisten« zu veröffentlichen; damit würden diese erkennbar, beobachtbar und angreifbar. Es sei wichtig, ihre Verbindungen, Treffpunkte, Wohnungen, Druckereien, Autos usw. zu kennen; dadurch könne ihnen »die Ruhe genommen werden«. »Faschistische« Organisierung sei ohne Gewalt letztlich nicht zu verhindern. Die Bundesrepublik Deutschland, so heißt es weiter, sei zwar kein »faschistischer« Staat, der Übergang dazu sei aber schon heute angelegt. Daraus ergebe sich die Frage: »Warum das Übel nicht an der Wurzel packen?« Dies bedeute, das System und die Verantwortlichen anzugreifen.

Die Zahl krimineller Aktionen gegen wirkliche oder vermeintliche Rechtsextremisten stieg seit 1989/90. Zum Beispiel verübte am 11. Oktober 1991 eine »antifaschistische Zelle« einen Brandanschlag auf das Anwesen eines Repräsentanten der Deutschen Volksunion (DVU). In einer Selbstbezichtigung wurden Namen und Anschriften weiterer Mitglieder der DVU, der Nationalistischen Front und der Republikaner publiziert. Zwei von ihnen wurden Opfer von Anschlägen mit Sachbeschädigung. Am 26. Oktober 1991 überfielen etwa 60 Vermummte das Haus des österreichischen Rechtsextremisten Karl Polacek (Landesvorsitzender der Freiheitlichen Arbeiterpartei) in Mackenrode (Landkreis Göttingen). Die Angreifer, die sich selber »autonome Antifaschisten und Antifaschistinnen« nannten, warfen mit Steinen und schossen mit Stahlkrampen. In einer Bekennerschrift bezeichnen sie den Überfall als »erfolgreich«, wörtlich: »Die Nazis hatten 15 Verletzte zu beklagen, wir keinen einzigen.« Das Schreiben endet mit der Drohung: »Für die militante Initiative – die Antifaschistische Selbsthilfe organisieren – Nazis auf's Maul – Wir kommen wieder.«

In Berlin überfielen »autonome antifaschistische AktivistInnen« den Neonazi Oliver Schweigert (Vorsitzender der Nationalen Alternative in Berlin). Im autonomen Szenenblatt *Interim* vom 31. Oktober 1991 schrieben sie dazu: Man habe Schweigert während eines Interviews für das französische Fernsehen erwischt, in einen Hauseingang getrieben und dort verprügelt. Wörtlich: »Wir hoffen, daß die Verletzungen so schwer sind, daß dieses Oberschwein da lange Probleme mit hat.« Den »Reporterärschen«, die den »Nazis« gegen Geld Werbeauftritte verschafften, habe man die Aufnahmen entwendet. Das Bekennerschreiben endet mit den Worten: »Verschärfte Grüße an die GenossInnen, die in Göttingen Karl Polaceks Haus angegriffen haben!!!«[192]

Die Mobilisierung von ausländischen Jugendbanden ist ein weiteres Anzeichen für die Bedrohung des Rechtsstaates. Im Herbst 1990 erstach der vorbestrafte Ayhan Öztürk den Republikaner René Grubert in der Berliner S-Bahn und verletzte zwei weitere Deutsche schwer. Der Täter wurde wegen Notwehr freigesprochen. Im selben Jahr brachten Angehörige ausländischer Jugendbanden auf dem Berliner Alexanderplatz einen jungen Mann aus Dresden mit einem Baseballschläger um. Die Täter erhielten lediglich Bewährungs- und Geldstrafen. In der Nacht vom 3. zum 4. April 1992 erstach eine Gruppe von Ausländern den 47jährigen Elektroingenieur Gerhard Kaindl aus Berlin-Schöneberg. Der Hintergrund des Attentats: Ein Gast des Kreuzberger Chinarestaurants, in dem die Bluttat geschah, erkannte die siebenköpfige Gruppe, in der sich Kaindl befand, als Republikaner. In der Tat hatte Kaindl bis September 1991 dieser Partei angehört. Die Täter stießen ihm ohne Vorwarnung ein Messer in den Rücken. Eine weitere Person wurde ebenfalls durch Messerstiche schwer verletzt. Der Wirt des Restaurants verhinderte mit seiner Gaspistole weitere Bluttaten. Die *Berliner Zeitung* gab linksextremen Gewalttätern aus der Kreuzberger Szene die Gelegenheit, den Mord ideologisch zu rechtfertigen. Insbesondere von autonomen Gruppen wurden ausländische Banden gezielt für politische Gewalttaten benutzt. Bezeichnend für die Einerseits-Andererseits-Haltung war die Reaktion der ehemaligen SED-Zeitung *Neues Deutschland*: Die Mordtaten wurden »abgelehnt«, aber staatliche Maßnahmen gegen den kriminellen »Antifaschismus« galten als Versuch der »Kriminalisierung« und erschienen in negativem Licht.[193]

Neben dem »Antiimperialismus« nimmt der »Antifaschismus« bei den verschiedenen terroristischen Gruppen eine wichtige Stellung ein. Insbesondere die Rote Armee Fraktion rechtfertigte ihre Aktionen als Widerstand gegen die »faschistische« BRD. »Wie bedeutend der Faschismusvorwurf für die RAF auch für ihren praktischen Kampf ist, läßt sich daran ablesen, daß ein Großteil der neurekrutierten Mitglieder der Kommandoebene aus sogenannten Antifaschistischen Gruppen kam. Aus diesen

Gruppen erwuchs auch die seit 1985 festzustellende Entwicklung, Anschläge durch militante Unterstützer ausführen zu lassen.«[194] Der »Antifaschismus« dient auch hier als wichtiges Bindemittel zwischen terroristischem Untergrund der Linken und der »autonomen« Szene.

Im terroristischen Umfeld geht es nicht nur um Angriffe auf den Staat; ein Schwerpunkt liegt auch in der Antifa-Arbeit – so heißt es jedenfalls in dem Untergrundblatt *radikal,* Nr. 140 vom Juni 1990,[195] zur virulent sich entwickelnden Antifa-Kampagne. Unter dem Motto »Schlagt die Faschisten, wo ihr sie trefft! Wir scheißen auf Großdeutschland! Wir scheißen auf das Vaterland!« wird ausgeführt: »Seit dem 9. November laufen die Entwicklungen im Raketentempo ab. Die Wiedervereinigung steht vor der Haustür, das BRD-Kapital strömt geifernd in den Osten [...]. Die erste Antwort einer linksradikalen Bewegung auf die laufende Wiedervereinigung muß sich zuerst und vor allem darin orientieren, den Faschos, die sich mit ihren rassistischen und sexistischen Parolen auf der Straße fettmachen, eine entsprechende militante Gegenwehr in den Weg zu stellen. Gegenwehr sind Patrouillengänge, die Fascho-Gruppen ausfindig machen, sind organisierte Frauenbanden, die denen auflauern und die Fresse einhauen. Gegenwehr sind Telefonketten, die ausgelöst werden, wenn Flüchtlingslager angegriffen werden.« Man dürfe nicht warten, bis die Faschos vor der Tür stünden, sondern müsse »sie von sich aus angreifen« und »illegale Strukturen hier und jetzt aufbauen«. Es gelte »[...] undeutsch zu sein bis ins letzte Fuzzelchen des Alltags: Klauen, Rauben, Einbrechen, Besetzen, Solidarisieren!« Diesen Ausführungen sind Listen von Aktivisten der FAP und der DVU beigefügt.

Weiterhin erfährt man in *radikal* auch etwas über die Zusammenarbeit mit ausländischen Jugendbanden. So wurde ein fünfseitiges Interview mit einem türkischen Genossen abgedruckt, in dem ausführlich auf die Perspektive der weiteren Mobilisierung ausländischer Jugendbanden für linksextremistische Kampagnen und die Möglichkeit gemeinsamen Agierens mit militanten Autonomen eingegangen wird. Bei den damaligen (1990) gewalttätigen Auseinandersetzungen mit den Polizeikräften war die Präsenz dieser Jugendgangs stärker als jemals zuvor. Dazu heißt es u.a.: »[...] unter den Umständen der auf uns zukommenden Wiedervereinigung, der nazistischen Überfälle und der Ausländergesetze werden die Jugendlichen sicher mehr Banden bilden. Nicht nur in Westberlin, sondern auch in Westdeutschland werden Jugendbanden entstehen. Demnächst werden diese Banden nicht mehr Jugendbanden genannt, sondern politische Banden.« Praktische Tips durften ebenfalls nicht fehlen. Die genannte Ausgabe von *radikal* enthält eine obligatorische Bastelanleitung für Komponenten von Brand- und Sprengsätzen. Die autonomen Techniker stellen die Bauanleitung für einen »länger programmierbaren«, nach dem Verstärkerprinzip arbeitenden Zeitzünder vor, der »sehr klein«, »extrem zuverlässig« und damit »sicherer« ausfalle. Den in der Anleitung angeführten Bausatz könne »jeder absolute Anfänger« bauen. »Genauigkeit ist auch bei den Autonomen angesagt, denn bei vielen Aktionen ist es angebracht, nicht nur einen Mollie wo reinzuknallen und dann zu türmen, sondern in Ruhe was abzulegen und in Ruhe wieder weggehen zu können«, heißt es in der Anleitung. Die Revolutionären Zellen (RZ) bekannten sich am 30. Juni 1992 zu zwei Sprengstoffanschlägen gegen »rechts«. In der *taz* vom 2. Juli 1992 erschien dazu eine Nachricht, die sich auf das Bekennerschreiben bezieht: Unter der Überschrift »Jetzt reicht's mit dem braunen Dreck« werfen die RZ dem *Münchner Anzeiger* und der PR-Agentur Althans faschistische und rassistische Propaganda vor. Vor den Häusern des *Anzeigers* und der Agentur waren sprengstoffgefüllte Rohre entdeckt worden.

Über terroristische Verbindungen konnte man in der *Hannoverschen Allgemeinen Zeitung* (7. Februar 1992) und der Polizeizeitung *Kriminalistik* (März 1992) lesen: »Charakteristisch für die zunehmende Gewaltbereitschaft ist eine im Oktober 1987 bundesweit verbreitete Tatbekennung zu einer militanten ›Antifa‹-Zelle, in der offen die Kriterien für einen ›politischen Mord‹ erörtert wurden [...] ähnlich nüchtern und kaltblütig wie einige Wochen davor in dem Selbstbezichtigungsschreiben der RZ (Revolutionäre Zellen) zu dem Pistolenanschlag auf den Berliner Verwaltungsrichter Dr. Günther Korbmacher am 1. September 1987.« Dem Ausbau einer bundesweiten Antifa-Struktur räumten deutsche Linksextremisten – insbesondere im Bereich militanter autonomer Gruppen, des RAF-Umfelds und der Revolutionären Zellen (RZ) – seit 1991/92 Priorität ein. Damit wuchs das Potential gewalttätiger und bewaffneter Konfrontationen zwischen Rechts- und Linksextremisten stetig. »Die Mobilisierungsfähigkeit und Schlagkraft der Antifa-Zellen nimmt seitdem zu. Geplante überfallartige bewaffnete Angriffe auf Rechtsextremisten mit immer mehr Verletzten und Schwerverletzten, der Schulterschluß mit türkischen ›Jugend-Gangs‹ wie in Berlin und Stuttgart oder bereits mehrere Angriffe militanter ›Antifas‹, die Schußwaffen führten, verdeutlichen diesen Trend.« So werden auch qualitative Unterschiede zwischen den stark angestiegenen rechtsextremen Gewalttaten und denen von Linksextremisten eingeräumt. Den Neonazis fehle es trotz der Brutalität der Überfälle bisher »noch weitgehend an Organisationsgrad, intelligentem Schrifttum, Raffinesse der Anschlagsplanung und Profil der Führungskader, Merkmale, die das systematische Vorgehen linksextremistisch motivierter Straftäter auszeichnen [...]. Insgesamt betrachtet entsteht hier bei der gegenwärtigen Gemengelage [...] ein bedenkliches Gewalt- und Konfrontationspotential, das die Sicherheitsorgane hinsichtlich präventiver und repressiver Konzeptionen vor neue Herausforderungen stellt.« Auch die Antifa-Jugendfront (AJF) werde von den Verfassungsschutzbehörden beachtet. In einem internen Bericht des Landesamtes für Verfassungsschutz Berlin heißt es angeblich: »Die Tätigkeit der AJF Berlin richtet sich gegen den Bestand der freiheitlich-demokratischen Grundordnung, also gegen den Kernbereich des Grundgesetzes. Damit erfüllt die AJF die Kriterien einer extremistischen Bestrebung.«[196]

Die Stärke der unzähligen linksextremen »antifaschistischen« Initiativen ist schwierig einzuschätzen. Schwerpunkte der Antifa-Arbeit liegen in Berlin, Hamburg und im Ruhrgebiet, aber auch in Freiburg, Köln und Göttingen. Die Anhängerzahl linksextremistischer Organisationen ist seit dem Umbruch in der Sowjetunion und besonders seit dem Zusammenbruch des SED-Regimes stark zurückgegangen. Der Antifaschismus hat daher die Rolle der letzten Bastion der übriggebliebenen Linksextremisten erlangt. Stark angestiegen ist die Gewaltbereitschaft. Der Organisationsgrad der »Autonomen« hat erheblich zugenommen. Dies ist sicherlich auch eine Reaktion auf die Erfolge rechter Parteien. Hinzu kommt, daß linksextreme »Antifaschisten« mit der PDS eine finanzstarke Partei an ihrer Seite hatten, fortgeführt durch die Nachfolgepartei Die Linke. Der Antifaschismus zieht seine Rechtfertigung vor allem aus den Wahlerfolgen rechter und rechtsextremer Parteien bzw. dem Auftritt rechter Organisationen in der Öffentlichkeit. Der durch die SED-Politik diskreditierte Antifaschismus hat sich zum Teil erholt, obwohl die Anhängerzahl abgenommen hat. Nach wie vor hilft der Antifaschismus den Extremisten, von demokratischen Gruppen als das kleinere Übel bei gemeinsamen Aktionen wenigstens toleriert zu werden.

5. Gegenwart und Zukunft

5.1. Geschäftemacherei mit dem Antifaschismus

Wir wenden uns hier einem der schwierigsten Kapitel unseres Themas zu. Schwierig, weil die finanziellen Zusammenhänge, die Verfilzungen der Antifa-Industrie schwer zu entflechten sind. Man muß geradezu Philologie treiben, um das Gewirr der Tarnnamen zu durchschauen. Was bedeuten »Entimon«, »Exit« und viele andere? Es soll 3000 »Initiativen« geben oder gegeben haben, die am warmen Regen öffentlicher Förderung teilhatten und teilhaben. Unerfreulich ist dies Kapitel, weil es von einer üblen Pseudomoral handelt, die harte Geschäftemacherei bemäntelt. Der Antifaschismus ist gegenüber den ersten Wellen nach 1945 und vor 1989 (damals betrieben von der Sowjetunion und der DDR) nicht wie erwartet zurückgegangen, sondern ausgeweitet worden, als unbegrenzter »Kampf gegen Rechts«. Da die Pressionsmöglichkeit mit persönlicher »brauner« Vergangenheit aus biologischen Gründen immer geringer wird, erfolgt nun die geschichtspolitische Ausschlachtung der Vergangenheit. Längst verstorbene Personen werden auf »unkorrekte« Äußerungen überprüft und gegebenenfalls »ausgegrenzt«. Straßennamen werden geändert, Schulen werden umbenannt (Ernst Moritz Arndt, Paul von Hindenburg), Lexika werden »gesäubert«. Allerdings soll nicht verschwiegen werden, daß derartige geschichtspolitische »Säuberungen« auch früher vorkamen. So wurde aus der biographischen Sammlung *Die großen Deutschen,* in den fünfziger Jahren neu aufgelegt, Ernst Moritz Arndt wegen nationalistischer Aussagen auf Veranlassung des damaligen Mitherausgebers Theodor Heuss entfernt.

Die Hemmungslosigkeit antifaschistischer Geschäftemacher zeigt sich in der Bereitschaft zu Fälschungen, wenn der tatsächliche Faschismus ausbleibt. Dazu gehören die Ereignisse im sächsischen Ort Sebnitz. Dort sei im Sommer 1997 in einem Freibad, unter den Augen einer gleichgültigen Menge, ein kleiner Junge von Rechtsextremisten ertränkt worden. Die »demokratischen« Medien – *Bild* und das Fernsehen – empörten sich, als der vermeintliche Skandal im November 2000 ans Licht kam; der damalige Bundeskanzler Schröder griff persönlich ein, drei Verdächtige wurden eingesperrt – dann stellte sich heraus: Der Knabe war eines natürlichen Todes gestorben. Die Antifa-Propaganda erwies sich als pure Hysterie, Hexenwahn des 21. Jahrhunderts. Dieser Fall blieb nicht der einzige, deshalb ist der Hinweis auf den Hexenwahn keine Übertreibung. In Düsseldorf wurde im Jahre 2000 ein Anschlag auf eine Synagoge verübt. Wieder schaltete sich Bundeskanzler Schröder ein und rief zum »Aufstand der Anständigen« auf – ein Schlagwort, auf das viele der finanziell gut ausgestatteten, gegen »Rechts« kämpfenden Initiativen zurückgehen, denn in der Folge startete die damalige Bundesregierung ein Programm zur Unterstützung sogenannter zivilgesellschaftlicher Organisationen bzw. Initiativen. Die Düsseldorfer Täter wurden entdeckt. Es handelte sich um zwei moslemische »Migranten«, einen jordanischen Palästinenser und einen Marokkaner mit deutschem Paß, beide ohne Bindung nach rechts.

Hier können nicht alle ähnlichen Fälle erwähnt werden. Deshalb möge der Hinweis genügen, daß Wichtigtuer behaupteten, von »Nazis« aus dem Zug gestoßen worden zu sein; »Rechte« hätten ihnen mit dem Messer blutige Hakenkreuze in Gesicht und Körper geschnitten, weil sie sich todesmutig vor deren Opfer gestellt hätten – alles Schwindelbehauptungen, mit denen auf betrügerische Weise Ansehen, Prestige – und finanzielle Förderung, z.B. durch Preise – erstrebt und auch tatsächlich erreicht wurden. Hinzu kommen Schriftsteller, die sich von der Veröffentlichung ihrer KZ-Memoiren gute Geschäfte erhofften, obwohl sie nie in einem solchen Lager waren. Es ist bezeichnend für die moralische Verfassung der Wissenschaft und der Medien in Deutschland, daß eine systematische Untersuchung und Dokumentation dieser Fälle bisher unterblieben ist. Auch wenn die Mehrheit der Bevölkerung scheinbar indolent, das heißt gar nicht reagiert: Zum inneren Frieden haben diese Vorfälle sicher nicht beigetragen, sondern das politische Klima nachhaltig, also zukunftsbezogen, vergiftet.

Zu einer besonderen Art der politischen Interessenvertretung durch Ausnutzung des Antifaschismus gehört auch der forcierte »Kampf gegen Rechts« als zentrales Anliegen der Linkspartei. Wenn sich auch die »Bürgerlichen« (von der ohnehin kooperationsbereiten SPD und den Grünen abgesehen) zum Antifaschismus statt, wie früher, zum Antitotalitarismus bekennen, dann rutschen die Linken automatisch als Bündnispartner an die Seite der Etablierten und schützen sich gegen die eigene passive Ausgrenzung unter dem Kampfbegriff »Antitotalitarismus«, der sich auch gegen sie richtet. Der Antifaschismus bietet der Linkspartei die Garantie, in die Runde der »Anständigen« des »demokratischen Parteienspektrums« zugelassen zu sein.

Vor mehreren Jahrzehnten hat Jean-Paul Sartre eine Schrift zum Antisemitismus vorgelegt. Darin behauptet er, erst der Antisemit »mache« den Juden. Nach Sartre ist unklar, wie, als was und wodurch ein Jude zu definieren sei. Der Haß des Antisemiten schafft eine Schreckensgestalt, deren scheinbare Bedrohlichkeit die eigenen Reihen schließt und die Notwendigkeit des politischen Kampfes rechtfertigt. Uns geht es an dieser Stelle darum, Sartres Argumente aufzugreifen und auf den Antifaschismus zu übertragen. Deshalb sagen wir, erst der Antifaschist »macht« den Faschisten. Die antifaschistischen Interessenvertreter und Geschäftemacher benötigen die Existenz eines ganz weit gefaßten »Faschismus«, weil sie nur durch ihn ihre Daseinsberechtigung beweisen und moralisch (»wir sind die Anständigen«) rechtfertigen können.

Durch den »Kampf gegen Rechts« können sie folgendes:

- Materiell angenehm existieren, denn ihr Tun wird aus öffentlichen Mitteln in Millionenhöhe gefördert.
- Macht- und personalpolitischen Einfluß sichern. Posten werden geschaffen oder vorhandene freigeschossen, Gegner werden propagandistisch lahmgelegt oder in die Defensive getrieben.

- Sich vor sich selbst und vor der Öffentlichkeit psychisch stabilisieren. Das eigene Tun wird moralisch begründet. Wenn zum Beispiel eine Thälmann-Gedenkstätte aus der Zeit der DDR beseitigt werden soll, folgt von der Linkspartei der Moralappell, hier werde einem Mordopfer der Nazis der schuldige Respekt versagt. Daher liege die Faschismusvermutung nahe. In den meisten Fällen ist ein solcher Appell wirkungsvoll und erfolgreich.
- Sich selbst ein pseudomoralisches Mäntelchen umhängen. Beispiel: Gegen Stalin könne man ja in der Tat manches einwenden und ihm Negatives vorwerfen. Aber man müsse ihm doch zugute halten, daß er wenigstens den »Faschismus« besiegt habe. »Pseudomoralisch«, weil das Ausmaß der stalinistischen, das heißt kommunistischen Verbrechen auf diese Weise zum eigenen Vorteil vernebelt wird. Wie weit selbst in ehrenhaften Kreisen eine solche Rechtfertigung gehen kann, zeigt Wolf Biermanns »Lied von den verdorbenen Greisen«. Darin rechnet er nach 1989 äußerst scharf mit den alten SED-Politbüro-Mitgliedern ab. Auch Erich Honecker wird verurteilt. Aber es heißt über ihn: »Und dennoch bleibt da ein Rest von Respekt. / Es haben Dich die verfluchten Faschisten elf Jahre in Brandenburg eingesteckt.« Eine antifaschistische Opferrolle adelt und wiegt manches andere, Schlechte, auf. Diese Haltung ist weit verbreitet. Moral einerseits, Interessenvertretung und Geschäftemacherei andererseits sind zwei Seiten einer zusammengehörenden Sache.

DIE FASCHISMUSKEULE

Im Jahre 1999 erschien ein brisantes Buch, das in der bekannten Weise von den bundesrepublikanischen Medien beschwiegen bzw. nur sehr knapp und verkürzend erwähnt wurde und daher kaum öffentliche Wirkung erzielen konnte. Der Autor, Wolf Calebow, war im konsularischen und diplomatischen Dienst der Bundesrepublik tätig. In den USA hatte er die Aufgabe eines diplomatischen Kontaktmannes zu den jüdischen Organisationen. Sein Erfahrungsbericht fällt sehr kritisch aus.[197] Die übel bekannte Methode, selbst leise Anklänge von Kritik als Antisemitismus zu diffamieren, klappte in diesem Falle nicht, da Calebow den amtlichen Auftrag hatte, mit jüdischen Organisationen und Personen zusammenzuarbeiten. Das tat er erfolgreich, aber auch konfrontiert mit unbelehrbarer Böswilligkeit. Den Etablierten schien es deswegen wohl angebracht zu sein, am besten das Buch zu ignorieren, weil es keinen der üblichen Jubelberichte über deutsch-jüdische »Aussöhnung« enthält. Ausführlich schildert Calebow die Hintergründe der Hetzkampagne gegen den österreichischen Staatspräsidenten Waldheim, die manchem bundesrepublikanischen Politiker den Schreck in die Glieder gejagt haben dürfte, aus Furcht, ihm könnte ähnliches widerfahren. Bezeichnend auch das folgende Zitat: »Die Masse der amerikanischen Juden sollte nach dem Willen führender Gruppen von dem erreichten Stand der Beziehungen zwischen der Bundesrepublik Deutschland und Israel möglichst nichts erfahren. Der Grund dafür lag auf der Hand. Eine durch so eine Veröffentlichung unter Umständen bewirkte Verringerung der bedrohlich erscheinenden Düsternis, in der das Deutschenbild in den USA nach dem Willen dieser Gruppen gehalten werden sollte, hätte die Möglichkeiten der Instrumentalisierung des Holocaust für aktuelle politische Zwecke beeinträchtigen können. Zu deren Voraussetzungen gehört auch die Bewahrung eines nach wie vor bedrohlich erscheinenden Deutschlandbildes.«[198]

Dieses Beispiel lehrt: Es gibt zwei engverwandte Arten von Geschäftemacherei und Interessenpolitik mittels Antifaschismus und Deutschfeindlichkeit – einmal werden politische Ziele erstrebt, zum anderen geht es um die Erlangung von finanziellen Zuwendungen oder Posten.

Wann hat diese Entwicklung begonnen? Das Jahr 1992 ist im Hinblick auf die Funktion und die Instrumentalisierung des Antifaschismus ein Wendejahr. Vorher, seit 1945, diente er neben ehrlichen Versuchen, die NS-Folgen zu überwinden, als außenpolitisches Pressionsmittel der UdSSR. Der heterogene Ostblock sollte mit antifaschistischen, zugleich antideutschen (bezogen auf die Bundesrepublik) Schreckensbildern zusammengehalten werden. Der DDR diente er zur Anbindung an den Ostblock und zur moralischen Selbstbestätigung. Die antideutschen Angriffe gegen den weiter bestehenden und bedrohlichen »Faschismus« konnten sich nicht gegen die DDR richten, denn sie hatte den »Faschismus« überwunden und gehörte damit zu den Siegern. Nur die kapitalistische Bundesrepublik war Hort des fortlebenden »Faschismus«, was sich in deren Personalpolitik äußerte. Mit dem Ende des Ostblocks 1991 endete diese Propaganda. Jetzt trat der Kampf gegen die Ausländerfeindschaft an die Stelle der früheren außenpolitischen Instrumentalisierung. Allerdings spielte jetzt auch die Furcht vor dem vereinigten, scheinbar erstarkten Deutschland eine Rolle. Deutschland sollte stets dienstwillig und gehorsam sein und nicht zwischen Ost und West schwanken. Ironisch ausgedrückt: möglichst schwächer als Luxemburg, aber stärker als die terroristische islamische Weltbedrohung. Dieser Spagat war durch die Einbindung Deutschlands in ein festes finanziell-ökonomisches, militärisches und politisches System zu erreichen. Der Antifaschismus bestimmte das psychologische Klima und sollte deutsche Eigenmächtigkeiten verhindern.

Solange der »Realsozialismus« existierte, also bis 1989/91, galt im politischen Westen, auch in der Bundesrepublik, der gleichermaßen gegen den linken wie den rechten Extremismus gerichtete Antitotalitarismus. Mit dem Ende der sozialistischen Systeme und dem Zusammenbruch der östlich finanzierten Vereine und Verbände (DKP, VVN) verbreitete sich der Irrtum, der Rechtsextremismus habe zugenommen. Tatsächlich schien das nur so, weil der Linksextremismus zunächst schwächer geworden war. Die PDS wurde nicht konsequent bekämpft, u. a. weil sich die CDU dem Irrglauben hingab, Erfolge der PDS würden der SPD schaden. Eine Kooperation der SPD mit der SED-Nachfolgepartei galt als unmöglich. Aber ab 1994 erwies sich etwas anderes: Die SPD-Regierung von Sachsen-Anhalt ließ sich von der PDS tolerieren. Die CDU erlitt durch die zunehmende Salonfähigkeit der PDS und deren Kooperation mit der SPD erhebliche Verluste. Sie flog aus den Landesregierungen nicht nur in Sachsen-Anhalt, sondern auch in Mecklenburg-

Vorpommern und in Berlin sowie später in Brandenburg. Die faktische, wenn auch propagandistisch nie zugegebene Aufgabe des Antitotalitarismus zugunsten des Antifaschismus hatte sich zwar für die SPD gelohnt, für die CDU aber als Rohrkrepierer erwiesen.

Anlaß dieser Entwicklung war die ab 1992 anschwellende Zuwanderung von Asylbewerbern vor allem aus Osteuropa. Die neuen Grenzöffnungen machten es möglich. Die Folge waren Spannungen zwischen Einheimischen und Zuwanderern, die sich zum Teil in heftigen Angriffen, körperlichen Attacken und Brandstiftungen äußerten. Deshalb wurde bereits 1992 von der damaligen Bundesregierung Kohl ein Aktionsprogramm gegen Aggression und Gewalt gestartet. Mit diesem zunächst auf drei Jahre befristeten Vorhaben sollten vor allem in den östlichen Bundesländern gewaltbereite Jugendliche angesprochen werden.[199] Während hier zunächst mehr indirekt gegen »Rechts« vorgegangen wurde und das Gewicht auf der Gewaltprävention lag, änderte sich dies mit dem Antritt der rot-grünen Bundesregierung Schröder/Fischer 1998. Eine mit wissenschaftlichem Anspruch erstellte Studie kommt zu dem bezeichnenden Ergebnis, die finanziellen Verhältnisse der nun wie Pilze aus dem Boden schießenden antifaschistischen Initiativen seien »unübersichtlich und aus den Selbstdarstellungen und ersten Analysen schwer zu ergründen.« Es ist die Rede von den »verschlungenen Pfaden, die das eingesetzte Geld (Gesamtvolumen im Jahre 2001 etwa 45,5 Millionen Euro) auf dem langen Weg zu Initiativen, Projekten und Maßnahmen genommen hat.«[200] Die hier zitierte, im

Auftrag der Friedrich-Ebert-Stiftung erarbeitete Studie von Roland Roth und weiteren Autoren, *Bürgernetzwerke gegen Rechts,* aus dem Jahre 2003 erregte nicht nur Aufsehen in den Medien, es kam auch zu einer kontroversen Aussprache im Bundestag am 12. Februar 2003, bei der es um die Wirkungen und Erfolge dieser finanziell aufwendigen Programme ging. Schon vorher, am 23. Mai 2000, dem Verfassungstag, wurde vom Bundesministerium des Innern und vom Bundesjustizministerium das Bündnis für Demokratie und Toleranz (BfDT) gegründet, mit dem Auftrag, gegen Extremismus und Gewalt zu kämpfen. Offenbar führten Zweifel an der Wirksamkeit dieser Bekämpfung zur Roth-Studie und schließlich zur erwähnten Bundestagsaussprache. Alle Maßnahmen sollten zeitlich befristet sein und 2003 auslaufen. Dann allerdings zeigte sich der bekämpfte »Faschismus« als recht zäh und überlebensfähig: Am 18. März 2003 lehnte das Bundesverfassungsgericht die Weiterführung des von der Regierung Schröder initiierten NPD-Verbotsverfahrens ab. Hinzu kamen Wahlerfolge der NPD und der DVU bei verschiedenen Landtagswahlen in Mecklenburg-Vorpommern, Sachsen, Sachsen-Anhalt, Brandenburg und Bremen sowie in zahlreichen Kommunen.

Wer nun meint, die Anti-Rechts-Programme seien wegen erwiesener Erfolglosigkeit eingestellt worden, irrt. Im Gegenteil: Sie wurden ausgeweitet und nach dem Ende der rot-grünen Bundesregierung von der neuen, schwarz-roten übernommen und ausgebaut. Anläßlich einer Anfrage im Bundestag 2008 wurde bekannt, daß seit dem Jahre 2003 insgesamt 192 Millionen Euro für das Programm »Jugend für Toleranz und Demokratie – gegen Rechtsextremismus, Fremdenfeindlichkeit und Antisemitismus« aufgewendet worden waren. Insgesamt 4500 Projekte konnten sich über Förderung aus öffentlichen Mitteln freuen. Hinzu kamen noch 85 Millionen Euro von der EU und aus den Bundesländern.

Es gibt Initiativen, die offiziell gegen alles mögliche, aber scheinbar nicht einseitig gegen »Rechts« sind, sondern allgemein der Gewaltprävention dienen sollen. Wie sich u. a. auch aus dem erwähnten Berliner Bericht ergibt, steigt die Gewalttätigkeit – und zwar von links. Die negative Wirkung der bisherigen Programme und »Initiativen«: Das ohnehin knappe Geld ist rausgeworfen. Die positiven Wirkungen haben lediglich einige Antifa-Funktionäre als warmen Geldregen verspürt, und die Politiker des Establishments konnten dem Ausland beweisen, wie tatkräftig sie gegen »Rechts« vorgehen. Es wäre die Aufgabe einer verantwortungsbewußten Zeitgeschichtsschreibung und der Medienberichterstattung, die vielen Unklarheiten, die es auf diesem Gebiet einer finanziellen Förderung gibt, aufzuklären.[201]

5.2. Zur gegenwärtigen Situation

Im Jahre 1990, kurz nach der deutschen Wiedervereinigung, fand in Hannover eine Tagung über den politischen Extremismus statt. Als der Antifaschismus erwähnt wurde, äußerte ein Mitglied der niedersächsischen Landesregierung die Ansicht, Sozialismus und Antifaschismus seien so tot, daß die Beschäftigung damit nicht lohne. Diese Bewertung hat sich als grundfalsch erwiesen. Der Antifaschismus entwickelte sich zunehmend zu einem sinnstiftenden Element der bundesrepublikanischen Staats- und Gesellschaftsräson. Das begann schon ab 1945, aber nach 1989 gewann er eine neue Bedeutung. Der Bruch mit der nationalstaatlichen (nicht etwa nur der nationalsozialistischen) Vergangenheit, die moralische Erneuerung Deutschlands und die Ablehnung deutschnationaler machtstaatlicher Überlieferungen verstärkten sich, um so mehr, als das vereinigte Deutschland im westlichen Ausland Befürchtungen vor einer deutschen Hegemonie in Europa hervorrief.

Eine Besonderheit der deutschen Nationalgeschichte ist ihre Diskontinuität. Wenige Nationen haben eine derartige an Brüchen reiche Entwicklung wie Deutschland, wo sich zahlreiche Umstürze von Strukturen und Werten ereigneten. Das jeweils neue System lehnt das gerade überwundene grundsätzlich ab: Im Jahre 1918 wurde der überwundene wilhelminische Obrigkeitsstaat negativ dargestellt, 1933 richtete sich die Ablehnung gegen das System der »Novemberverbrecher«, 1945 galt den neuen politischen Kräften die Zeit des Nationalsozialismus als »die finsterste Zeit der deutschen Geschichte«. Schließlich wurde 1989/90 die überwundene DDR als »SED-Diktatur« negativ beurteilt. Immer erwartete man den Aufbruch zu einer neuen, besseren Ordnung.

Deutsche »Aufbrüche« haben es an sich, daß einem kurzen »Auf« ein nachhaltiger »Bruch« folgt. Es wurde bereits eingangs auf den kommunistischen Autor Alex-

5. GEGENWART UND ZUKUNFT

ander Abusch hingewiesen, dessen Werk *Irrweg einer Nation* von solcher Bedeutung ist, daß es hier noch einmal ausführlicher erwähnt werden muß. In der mexikanischen Emigration verfaßt, 1946 in der Sowjetischen Besatzungszone veröffentlicht, ist dieses Buch trotz seiner Wirkungen wenig bekannt. Abusch, 1902 in Krakau geboren, 1982 in der DDR gestorben, war zeitweilig Kulturminister der DDR.

Alexander Abusch deutet die deutsche Geschichte seit dem Mittelalter, seit Luther, Friedrich dem Großen, dem preußischen Militarismus und Bismarck als einen machtstaatlichen Irrweg, dessen logische Folge schließlich die Herrschaft Hitlers gewesen sei. Verschuldet wurde dies nach Abuschs Ansicht vom gesamten deutschen Volk. Insofern ist er ein Vertreter der Kollektivschuld. Aber 1945 setzt ein positiver Neubeginn ein. Die Morgenröte einer neuen besseren Ordnung dämmert herauf. Abuschs Geschichtspropaganda und ihre Ziele wirken am besten in seinen eigenen Worten:

»Die Enthüllung aller reaktionären Elemente in der deutschen Geschichte, Literatur und Philosophie, die zu Wegbereitern Hitlers wurden und seine Herrschaft begünstigen konnten, ist zur unabdingbaren Verpflichtung geworden. Die ganze verpfuschte Geschichte der deutschen Nation steht zur Kritik in dieser Selbstprüfung, die eine tiefe Selbstreinigung erstrebt.«[202]

»Das Unheil für Deutschland bestand bis in die Gegenwart nicht darin, daß es in ihm an mutigen Kämpfern für den Fortschritt, Gestalten echten Humanismus, Meistern der Kultur gefehlt hat. Es zog sich bisher wie ein

Erbfehler durch die deutsche Geschichte, daß in ihr das Volk niemals – wie die Engländer unter Cromwell und die Franzosen unter Robespierre – dem Alten, Bedrückenden, Überlebten den Kopf abschlug.«[203]

»Die Deutschen müssen wieder gutmachen, was deutsche Hände verbrachen. Ohne diesen ersten und ehernen Grundsatz kann es keine moralische Erneuerung des deutschen Volkes geben. Es handelt sich nicht um Rache, nicht um biblische Schuld und Sühne, sondern – neben der materiellen Hilfe für die ausgeplünderten Völker Europas – um die Hinführung der Deutschen zu ihrem besseren Selbst, um die Voraussetzung aller Umerziehung. Denn die Vernichtung der Naziverbrecher ist nur ein Teil der deutschen Selbstreinigung. Unter den eigenartigen Verhältnissen einer jahrelangen Besetzung durch die Armeen der vereinten Nationen muß sich die deutsche Nation an Haupt und Gliedern erneuern. Das bedeutet, daß sie die dringendsten Lehren ihrer Geschichte im neuen Handeln realisiert und die demokratische Umwälzung von 1848 und 1918 nunmehr in einem Ablauf zu Ende führt.«[204]

»Die alles überragende Aufgabe für das deutsche Volk besteht darin, die sozialen Träger der Aggression für immer aus dem Leben der Nation zu beseitigen. Die neue deutsche Demokratie wird antiimperialistisch sein. Anders als der Staat von Weimar wird sie im Volke verankert sein: In der sozialistischen Arbeiterbewegung, die den demokratischen Kampf gegen das Preußentum und den Wilhelminismus geführt hat, und in den anderen demokratisch-humanistischen Parteien und Organisationen, denen der Hitlerismus zu einer unvergeßlichen Warnung wurde.«[205]

»Aber vor allem müssen die Deutschen selbst durch ihre Taten den anderen Völkern zu erkennen geben, daß sie ein zu demokratischem Bewusstsein erwachtes Volk geworden sind. Die letzte Sicherung gegen eine Auferstehung des deutschen Imperialismus kann nur das Werk der Deutschen selbst sein. Die deutsche Nation muß ihre Geschichte neu erkennen, mitleidlos gegen sich selbst, um alles Finstere der Vergangenheit, das wie ein Alp die freie Regung jeder Generation bedrückte, zu vertreiben. Und entscheidend ist, daß die deutsche Nation lernt, auf neue Art geschichtlich zu handeln. Die eigene Erkenntnis, die eigene Selbsttätigkeit brauchen die Deutschen, um die Lehren ihrer Geschichte zu begreifen und zu erfüllen. Etwas grundlegend Neues tun – das ist die stärkste Triebkraft zur Umerziehung eines Volkes, zu seiner inneren Wandlung.«[206]

Es muß für jeden, der ein Verständnis für Zusammenhänge hat, frappierend sein, zu sehen, wie modern diese sieben Jahrzehnte alten Sätze klingen. Sie könnten im 1990 wiedervereinigten Deutschland für dessen geschichtspolitische Ortsbestimmung verkündet worden sein. Hier ist der Anknüpfungspunkt für einen neuen Patriotismus, der sich auf ein »anderes Deutschland« bezieht, ein revolutionäres, angeblich demokratisches, linkes. Als Unwert verworfen wird die Tradition der bisher herrschenden, deutschnational begründeten patriotischen Auffassungen.

Nicht Abusch allein hat diese Ansichten propagiert. Walter Dirks[207], Eugen Kogon[208] und auch Fritz René

Allemann[209] gehören ebenso, bei allen Unterschieden – Kommunist, Linksliberaler, Schweizer Demokrat –, in diese Richtung.[210]

Besonders interessant mag es sein, daß auch die manchmal als »konservativ« und »bürgerlich« bezeichnete CDU mit Alexander Abusch – allerdings unausgesprochen – einen gemeinsamen Nenner findet und ein neues Bild der deutschen Geschichte propagiert. Jürgen Rüttgers, von 2005 bis 2010 Ministerpräsident von Nordrhein-Westfalen und Landesvorsitzender der CDU, hielt zum sechzigjährigen Jubiläum seiner Partei am 8. März 2005 in Köln eine interessante Rede, Titel: »Wider den Zeitgeist«.[211] Darin zitiert er Konrad Adenauers Ansprache vom 24. März 1946 in Köln, die er ausdrücklich als »vorbildlich« bewertet. Adenauer habe einen Wiederaufstieg Deutschlands nur aus jenem christlich-abendländischen Geiste für möglich gehalten, der durch den Irrweg der deutschen Nation nicht geachtet worden sei, mit der Folge der NS-Katastrophe. Rüttgers weiter: »Ich halte fest, die Verankerung der CDU im christlich-abendländischen Menschenbild sollte die Politik in Deutschland auf eine vollkommen neue Grundlage stellen. Die Gründung der CDU war der radikale Bruch mit einem Welt- und Menschenbild, das in Gestalt von Staatsvergötzung, Materialismus, Militarismus und schließlich verbrecherischem Nationalismus Wert und Würde der Einzelperson mißachtet hatte.« Das war die Feststellung des Irrwegs einer Nation auf adenauerisch.

Rüttgers fährt fort: »Neu aufzubauen war ein Gemeinwesen im Sinne des zuvor verachteten christlich-abendländischen Menschenbildes: Ein Gemeinwesen, in dem der Staat, die Wirtschaft und die Kultur nicht Selbstzweck sind, sondern, so Adenauer, eine dienende Funktion gegenüber der Person haben. Das war die Umstürzung der politischen Verhältnisse. Es war eine Politik wider den Zeitgeist, der Deutschland zugrunde gerichtet hatte. In dieser Besonderheit und zugleich Radikalität war dazu keine Partei außer der neugegründeten CDU in der Lage – auch nicht, bei allem großen Respekt vor ihrer demokratischen und sozialen Tradition, die damals noch im marxistischen Materialismus gefangene SPD.« Rüttgers kommt zu dem Ergebnis: 60 Jahre nach Gründung der CDU müsse Politik in Deutschland mit der unverändert gleichen Geisteshaltung der Gründungszeit betrieben werden.

Hier geht es um den Antifaschismus als gemeinsamen überzeitlichen und überregionalen Nenner. Die Revision des nationalstaatlichen Geschichtsbildes gehört dazu. Diese Auffassung hat ihre Auswirkungen in durchaus gegensätzliche parteipolitische Richtungen. Gemeinsam ist ihnen die Idee des Irrwegs. Der Unterschied liegt in der Bewertung, der Begründung und in den Therapievorschlägen. Abusch sieht die Morgenröte in einer erneuerten, besseren, umerzogenen deutschen Nation auf sozialistischer Grundlage. Genau das halten Adenauer und Rüttgers für die Triebkraft des Übels der Entchristlichung. Beide Richtungen kämpfen aber gegen jene Traditionalisten, die auf Vorbilder der Nationalgeschichte nicht verzichten wollen. Sie werden bekämpft, weil sie die Entstehung und die Verfestigung einer neuen Identität behindern, gegebenenfalls sogar verhindern.

Die Schwäche der Irrwegs-Geschichtspolitiker liegt in der Widersprüchlichkeit ihres Geschichtsbildes. Wir haben gesehen, wie unterschiedlich ihre weltanschauliche Basis ist. Eine begrenzte Einigkeit besteht über die negative Einschätzung der Vergangenheit, aber der Dissens über Weg und Ziel der Erneuerung geht tief.

5.3. Antitotalitarismus – Chancen oder Verfall?

Der Antifaschismus erlitt durch den Zusammenbruch der DDR schweren Schaden. Deshalb schien es 1989 bis 1991, als verliere dieser politische Kampfbegriff an Bedeutung. Antifaschismus wurde durchaus zutreffend mit dem untergegangenen realsozialistischen System gleichgesetzt. Durch dessen Diskreditierung verlor der Kampf gegen den »Faschismus« vorübergehend seine Bindekraft für politische Bündnisse. Da die Kommunisten überdies die Führungsrolle bei Aktionen gegen »Rechts« verloren hatten, büßte die »antifaschistische« Keule eine Zeitlang ihre magische Wirkung ein. Nun erlagen die »Antifaschisten« selber der Notwendigkeit, sich wegen ihrer Pakte mit dem verengend als »Stalinismus« etikettierten Sozialismus zu verteidigen.

Im Herbst 1992 aber brachte die Welle ausländerfeindlicher Gewaltaktionen den »Antifaschisten« die wundersame Rettung. Jetzt hatte man die Chance, sich im Strome der allgemeinen Empörung über die Gewalttaten als der wahre Gegner des »Faschismus« zu rehabilitieren. Allerdings wurde seither – und mehr als je zuvor – deutlich, daß vor allem im Kreise gewaltbereiter anarchistischer Gruppen ein emotionaler und aktionistischer Antifaschismus mit antikapitalistischer Stoßrichtung als ideologische Ultima ratio bleibt. Gleichzeitig gewinnen Antirassismus, Antiimperialismus, Antigermanismus und Antisexismus an Bedeutung als Ersatzmedien der Existenzrechtfertigung. Antifaschismus und Antirassismus richten sich sowohl gegen das »kapitalistische« System, das heißt gegen die parlamentarische Demokratie, als auch gegen einzelne Personen. Von geringerer Bedeutung sind der Antisexismus und der Antiimperialismus, die mehr eine Bedeutung für die Binnenintegration haben. Sie fördern den Zusammenhalt linker Gruppen, bei denen der Feminismus und der Kampf gegen den Imperialismus der Selbstvergewisserung dienen. Für Angriffe gegen einzelne Personen sind diese Begriffe weniger geeignet. Dies gilt auch für den Antimilitarismus, mit dem alles bekämpft wird, was in Richtung Einordnung, Unterordnung, Disziplin geht.

Alle diese Kampfbegriffe finden ihre anhaltende Bedeutung in der Instrumentalisierung gegen die Ausländer- bzw. Fremdenfeindlichkeit. In einem Aufruf zur Blockade des Bundestages anläßlich der Asyldebatte vom 26. Mai 1993 heißt es: »Ausgehend von der Solidarität mit den Unterdrückten und Ausgebeuteten, mit den Verdammten dieser Erde, ausgehend von der Würde des Menschen und dem Streben nach einer Gesellschaft der Freien und Gleichen rufen wir alle auf,

* die dem faschistischen Terror Einhalt gebieten wollen,

- die wissen, die Gewalt richtet sich gegen alle,
- die hier frei, gleich und selbstbestimmt leben wollen,
- denen einfach Lippenbekenntnisse gegen rassistische Gewalt nicht ausreichen,
- die gegen eine Selektion von Flüchtlingen nach kapitalistischen Verwertungsinteressen sind,
- die deutlich machen wollen, die AnstifterInnen sitzen in Bonn,
- die den zunehmenden Rassismus im Alltag unerträglich finden,
- die gegen eine imperialistische Großmacht Deutschland sind.«[212]

Hier finden wir eine Mixtur aus Antifaschismus, Antirassismus, Antikapitalismus, Antiimperialismus, die den Umsturz der freiheitlich-demokratischen Grundordnung pseudohumanitär rechtfertigen soll.

Die durch den Zusammenbruch der sozialistischen Systeme verunsicherte Linke sieht auf dem Gebiet der Migration, des Asyls und des Kampfes gegen Ausländerfeindlichkeit die Chance, die etablierten politischen Kräfte, die pauschal als »rechts« und »faschistisch« gelten, als inhuman zu denunzieren und in eine Verteidigungsposition zu drängen. Nachdem die Auflehnung gegen die Wiedervereinigung erfolglos geblieben ist, sollen durch die Propagierung der »multikulturellen Gesellschaft« antinationale Affekte geweckt werden. Damit verbunden ist die Hoffnung auf revolutionäre Veränderung. Jugendliche arbeitslose Ausländer, dem Heimatland entfremdet, in Deutschland nicht verwurzelt, bilden ein neues Proletariat – die Hoffnungen auf die Revolutionierung der einheimischen »Arbeiterklasse« wurden enttäuscht. Man drängt auf Freigabe der Zuwanderung, und die Forderung nach Gleichstellung aller Zuwanderer kann durch ein neues Proletariat Unruhe schüren. Zugleich erlaubt die Sentimentalität, mit der man an das Problem der Migration und der Ausländer herangeht, eine neue Bündnispolitik. Sie macht die diskreditierte Linke wieder hoffähig. Nicht als Linke, aber als Humanisten werden sie in der Abwehr des rechten Feindes, der »Ausländerfeinde«, akzeptiert. Es kommt zu einem Bündnis linksextremer »Autonomer« mit der PDS bzw. Linkspartei, den Grünen, Teilen der Gewerkschaften, Christen, Teilen der SPD, CDU, FDP. Sie nutzen eine humanitär-hedonistische Grundströmung aus, die alles scheinbar Schwache, Verfolgte, Benachteiligte, Behinderte, Bedrohte höher bewertet als das angeblich Harte, Disziplinierte, Regelhafte, an Gesetz und Ordnung Gebundene, das als kalt, berechnend und letztlich inhuman und damit »faschistisch« denunziert wird.

Als Ergebnis bleibt:

1. Der »Antifaschismus« kennt nur selektive Freiheit. Seine Toleranz ist repressiv, da alles »Rechte« als potentiell »faschistisch« gilt.
2. Der »Antifaschismus« neigt dazu (und ist insofern ein Spiegelbild des »Faschismus«), Politik als Glaubenssache zu betreiben und nicht als Technik zur Wirklichkeitsgestaltung zu handhaben. Deshalb werden politische Gegner als Feinde betrachtet und behandelt. In

der politischen Auseinandersetzung wird die persönliche Diffamierung üblich, Gewaltanwendung wird moralisch gerechtfertigt.
3. Der »Antifaschismus« behält seine Bedeutung in der innerpolitischen Auseinandersetzung und für die politische Kultur Deutschlands. Nach wie vor dient er als Kampf- und Erpressungsmittel. Er fördert die innenpolitische Polarisierung. Die Entwicklung verläuft weg von der »Gemeinsamkeit der Demokraten«, die sich unter dem Eindruck des Nationalsozialismus und der Etablierung des kommunistischen Systems in der Sowjetischen Besatzungszone und in Osteuropa 1945 bis 1948 herausbildete und auf antitotalitärer Basis das politische Klima zwanzig Jahre lang prägte.
4. Gerade die Herausstellung kommunistischer Massenverbrechen (Katyn, Internierungslager in der SBZ/DDR, Praktiken des Ministeriums für Staatssicherheit) legt nahe, die Auseinandersetzung um die »Einmaligkeit nationalsozialistischer Verbrechen« wieder zu beleben, die auch ein zentrales Thema des »Historikerstreits« vorgab. Die Aufdeckung kommunistischer Untaten könnte eine »Relativierung« nationalsozialistischer Untaten bewirken, die eben nicht als einmalig und unvergleichbar erscheinen. Das führt zur Forcierung »antifaschistischer« Propaganda. Die seltenen und begrenzten Erfolge rechter und rechtsextremer Gruppen geben dem »Antifaschismus« zusätzliche Schubkraft.

5. GEGENWART UND ZUKUNFT

Wir haben uns in den vergangenen Jahrzehnten an Werte und Strukturen gewöhnt und verdrängen, daß sich alles wandelt. Der Historikerstreit von 1986 hat uns gelehrt, daß die Weltbilder sich verändern müssen, denn ohne stetige Überprüfung und Revision der gängigen Erkenntnisse gäbe es keinen Fortschritt, herrschte Stagnation. Der Historikerstreit hat aber auch gezeigt, daß viele, die sich für progressiv halten, Furcht vor einem Wandel der Wertungen und der Maßstäbe von 1945 haben. Deshalb ist es eine wichtige Aufgabe, sich immer wieder vor Augen zu halten, daß Begriffe, Werte, Strukturen auf ihre zeitgemäße Bedeutung überprüft werden müssen. »Zeitgemäß« heißt nicht »modisch«, sondern bezeichnet die Fähigkeit zur Lösung der Gegenwartsprobleme. Wer ökonomische, gesellschaftliche und politische Erschütterungen vermeiden will, muß sich darum bemühen, die Verhältnisse und das Denken in Übereinstimmung zu bringen.

Welche Ratschläge für den Umgang mit dem »Antifaschismus« und seinen Anhängern lassen sich aus unserer Untersuchung ableiten? Ein wichtiges Mittel ist die Brechung des Tabus, mit dem der »Antifaschismus« gegen Kritik immunisiert werden soll. Pseudomoralisch unterstellt man, daß Kritik am »Antifaschismus« eine Rechtfertigung des »Faschismus« sei. Ein zentrales Problem ist indes, jenes ideelle Vakuum zu füllen, das ein Kennzeichen des gegenwärtigen Zeitgeistes ist. Mangels positiver Ziele beschränkt man sich auf Mobilisierung durch Feindbilder. Wer nicht weiß, was er will und wollen soll, weiß wenigstens, was er ablehnt und bekämpft. Hinter dieser Haltung steht eine fundamentale existentielle Sinn- und Orientierungslosigkeit.

Indem man sich eines Feindbildes vergewissert, gewinnt man nur scheinbare Sicherheit und nur eine Pseudoorientierung. Wunsch und Wille, aktiv zu werden, führen nicht zu einer positiven Vision, sondern zum Kampf gegen das Bedrohliche. Ob man nun gegen Interkontinentalraketen, Atomkraftwerke, die chemische Industrie, Bahnhöfe und Flughäfen, den Autobahnausbau oder gegen Faschismus, Kapitalismus, Rassismus, Imperialismus oder Sexismus ist, bleibt letzten Endes gleich. Alles richtet sich gegen die bestehenden Verhältnisse und schafft die Verbindung mit denen, die ähnlich fühlen und sich in der Ablehnung der etablierten Ordnung einig sind.

Überwindung des »Antifaschismus« bedeutet, ihn aus seiner Funktion als Pseudowelterklärung herauszulösen. Deshalb muß man den manipulativen Charakter des »Antifaschismus« ins öffentliche Bewußtsein heben. Versuche, die politische Ordnung zu destabilisieren, werden nur dann Erfolg haben, wenn sich in der Bevölkerung das Gefühl der Vergeblichkeit und der existentiellen Bedrohung breitmacht. Deshalb ist es die zentrale Aufgabe heutiger Politik, die Rechtsstaatlichkeit und das soziale Netz zu sichern und damit ein Grundgefühl der Geborgenheit zu vermitteln. Eine konsequente und entschiedene Politik, die diese Ziele erstrebt, könnte der Bevölkerung jene Orientierung bieten, die sie von Meinungsverführern trennt. In Zeiten des Wandels moralischer Werte fällt dies auch der politischen Führung schwer, bedarf sie doch selber der Orientierung.

Der »Antifaschismus« ist eine Erscheinung der Ratlosigkeit unserer Zeit. Es handelt sich um ein Krisensymptom mit negativen Auswirkungen. Er kann nicht isoliert von der geistig-moralischen Krise verstanden und überwunden werden. Wer diese Erklärung für wenig hilfreich hält, möge bedenken, daß schon einiges bewirkt wird, wenn der »antifaschistische« Anspruch, ein Heilmittel für die Probleme unserer Zeit zu sein, als gefährliche Täuschung erwiesen ist.

Durch Analyse werden Wurzeln, Zusammenhänge, Instrumentalisierung und Gehalt des »Antifaschismus« klar. Damit ist die Chance eröffnet, seinen Einfluß aufzuheben. Ungelöst bleibt der größere Zusammenhang, nämlich Orientierungslosigkeit und Wertewandel unserer Zeit. Hier sollte deutlich gemacht werden, daß der »Antifaschismus« ein geistig-moralischer Grundwert der Bundesrepublik ist, der keineswegs positiv zur Bewältigung der Vergangenheit beitrug, sondern zunehmend desintegrierend wirkt. Die Gemeinsamkeit der politisch-intellektuellen Eliten der Gründungszeit der Bundesrepublik hat sich unter der Einwirkung »antifaschistischer« Vorstellungen aufgelöst.

Der Antitotalitarismus, der sich gegen den linken und den rechten Extremismus gleichermaßen wendet, stellt Freiheit und Rechtsstaatlichkeit gegen die Emotionalisierung in der Politik. Deswegen ist er der Aufklärung, der Rationalität, verpflichtet. Soweit die Theorie. Zweifel, ob dies praktikabel sei, haben sich bestätigt. Nach 1945 erlangte die Totalitarismustheorie durch Gelehrte wie Hannah Arendt, Zbigniew Brzezinski und Carl

Joachim Friedrich nicht nur wissenschaftliche, sondern auch politische Bedeutung. Bereits in den dreißiger Jahren des 20. Jahrhunderts als Reaktion auf den stalinistischen Kommunismus und den Nationalsozialismus entstanden, wurde nun der Antitotalitarismus eine der Fundamentalnormen der Bundesrepublik. Als »totalitär« galt eine autoritäre Herrschaft, die nicht nur das politische Verhalten der Bürger vormundschaftlich bestimmt, sondern auch das Denken bis in den privaten, ja intimen Bereich hinein reglementieren und kontrollieren will. Die liberale Demokratie galt als positiver Gegentyp, eben als antitotalitär, gleichermaßen gegen Ansprüche von links wie von rechts gerichtet. Darauf kam es an: Unter dem Oberbegriff des Totalitarismus galten sowohl der Kommunismus als auch der Nationalsozialismus und der Faschismus als Gegner. Man kann sich denken, wie wütend vor allem die Kommunisten die Totalitarismustheorie als »Kampfbegriff des Kalten Krieges« bekämpften. Sahen sie sich doch mit ihren Todfeinden, den »Faschisten«, gleichgesetzt. In der BRD aber äußerten sich die »Gemeinsamkeit der Demokraten« und die »streitbare Demokratie« im Kampf gegen die Extreme sowohl von rechts wie von links. Als 1951 zwei Parteiverbote beim Bundesverfassungsgericht eingeleitet wurden, richteten sich diese gegen die rechtsextreme Sozialistische Reichspartei und gegen die linksextreme KPD. Inzwischen aber leben wir in einer »anderen Republik«. Der Antitotalitarismus hat sich als eine Kopfgeburt erwiesen, nur möglich in Universitätsseminaren. In der politischen Praxis stößt er sofort an seine Grenzen und sprengt diese. Sowohl gegen die Kommunisten als auch gegen die »Faschisten« zu kämpfen, jedoch nicht gemeinsam mit den Kommunisten gegen die »Faschisten«, selbstverständlich auch nicht gemeinsam mit den »Faschisten« gegen die Kommunisten – das überfordert viele Zeitgenossen politisch wie intellektuell. Der Antitotalitarismus ist in der Praxis gescheitert, mag er als Worthülse auch hier und da nach wie vor verwendet werden. Die Linke hat immer einen einseitigen »Antifaschismus« praktiziert. Bemerkenswert für den Wandel des Zeitgeistes ist die Anpassung sogenannter bürgerlicher Kreise an die Vorstellungen und die Terminologie der Linken. Ein Ausdruck typisch bürgerlicher Dümmlichkeit ist es, wenn argumentiert wird, man müsse doch nach den Erfahrungen der Geschichte gegen den »Faschismus« sein. Man sollte vielmehr gegen jeglichen Totalitarismus eintreten und jeden, der »antifaschistische« Sprüche klopft, zunächst einmal fragen: Wie hältst du es aber mit dem Linksextremismus? Man darf sich erst dann mit ihm auf ein Bündnis einlassen, wenn er sich nicht als einseitiger »Antifaschist« bekennt.

Das politische Klima in der Bundesrepublik ist widersprüchlich. Auf der einen Seite sehen wir unbestreitbar Verfall, Feigheit, Konzeptionslosigkeit, Werteunsicherheit, auf der anderen Seite aber auch ermutigende Zeichen freiheitlicher Stabilität. Angesichts dieser Situation ist es wichtig, aus der Defensive herauszutreten, Selbstbewußtsein zu zeigen, das sich in der offensiven Bekämpfung aller Destabilisierungsversuche ausdrückt. Dazu gehört die Entlarvung des einseitigen »Antifaschismus« als eines Mittels, die freiheitlich-demokratische Grundordnung durch ein sozialistisches System zu ersetzen. Dieser politischen Manipulation offensiv entgegenzutreten ist eine der wichtigsten politischen Aufgaben unserer Zeit.

5.4. Ein Blick in die Zukunft

Alles hat seine Zeit, alles entsteht, entwickelt sich, aber vergeht auch wieder. Dies geschieht im gesellschaftlich-politischen Raum oft in erstaunlich kurzer Zeit. Das gilt für den »Antifaschismus« und auch für sein Gegenbild, den »Faschismus«. Wenn wir uns hier mit ihm kritisch befaßt haben, sollten wir selbstkritisch die Frage stellen, ob er wirklich dieser Aufmerksamkeit wert ist. Ist die Abwehr einer von ihm ausgehenden Gefahr nötig? Es gab im Laufe der Zeit viele Feindvorstellungen, die sich als unbegründete Gespensterfurcht erwiesen haben: Der Kampf gegen die Sozialdemokratie zur Zeit des Sozialistengesetzes 1878 bis 1890 – die damals befürchtete Revolution blieb aus. Die »Achtundsechziger« erwiesen sich als theoretisierende Maulhelden. Die terroristische Rote Armee Fraktion (RAF) hatte mörderische Wirkung, aber keinen systemumstürzenden Erfolg. Auch in der internationalen Politik blieb der Sieg der vermeintlich weltumstürzenden totalitären Herrschaften aus. Italienischer Faschismus und deutscher Nationalsozialismus wie auch der kommunistische »Realsozialismus« scheiterten, so bedrohlich sie auch wirkten. Und da sollte in der Bundesrepublik Deutschland ausgerechnet die machtlose, marginalisierte »Rechte« gefährlich werden? Sehr unwahrscheinlich! Aber da die Zukunft verhüllt ist und die Erwartungen pessimistisch klingen, wird die Furcht nicht zu nehmen sein. Für die Etablierten ist sie als Manipulationsinstrument nützlich, weil Angst ein bewährtes Herrschaftsmittel ist. Die Faschismuskeule ist, wie andere Feindbilder, gut geeignet, die Bürger in den Pferch des Wohlverhaltens zu treiben.

Bisher haben alle Erwartungen getrogen, der Antifaschismus werde mit der Zeit seine vergiftende Wirkung verlieren. Das Ende des »Realsozialismus« hat ihn eher noch gestärkt – geht es doch darum, das vereinte und scheinbar mächtiger gewordene Deutschland innen- und außenpolitisch zu kontrollieren und zu disziplinieren. Aber es zeichnet sich ab, daß allmählich infolge des demographischen Wandels neue, andere Probleme auftauchen. Die NS-Vergangenheit verliert als Druckmittel ihre Kraft, weil sie für Zuwanderer (»Migranten«) nichts bedeutet. Das 21. Jahrhundert wird weitere Wandlungen der Strukturen und der Werte mit sich bringen. Voraussagen sind nicht möglich, aber eine verantwortungsbewußte, mißtrauische Kontrolle der Entwicklung ist angebracht.

Die bisherige Untersuchung des Antifaschismus ist eindeutig kritisch und ablehnend. Um der Objektivität willen soll aber auch die Frage gestellt werden, ob etwas für ihn spricht. Beherzigen wir die allgemeingültige Erkenntnis: Die Wirklichkeit ist nicht rein und eindeutig wie die Theorie. Wer in der Politik Idealvorstellungen kompromißlos verwirklichen will, landet im Totalitarismus. Also spricht etwas für den Antifaschismus? Da wäre zunächst einmal an sein Doppelgesicht zu erinnern: die moralische Komponente einerseits und die sozioökonomische, antikapitalistische andererseits.

Es gibt moralische Antifaschisten, die ganz ehrlich und ohne persönliche, politische und finanzielle Vorteile gegen das sind, was ihnen als »rechts«, als »faschistisch« oder als »faschistoid« gilt. Sie wollen ehrlich und ernsthaft keine Härte, Gewalt, Krieg, Kampf, keinen Haß, keine Bevormundung. Wer die Analyse an dieser Stelle abbricht, kommt zum Urteil: ehrliche und ernsthafte moralische Absichten. Aber der Analytiker muß weiterdenken und fragen, wie politische Einstellungen zustande kommen, warum sie ein bestimmtes Verhalten veranlassen. So führt die Antihaltung unvermeidlich wieder zu Ausgrenzungen. Das kann gar nicht anders sein und deshalb kann der Antifaschismus nicht ehrlich und moralisch wirken. Nur einzelne äußerliche Merkmale können das. Darum ist er zur Tarnung gut geeignet. Wer aber hinter die Tarnung schaut, erkennt das Doppelgesicht und die untrennbare Einheit des moralischen und des interessengeleiteten sozioökonomischen Antifaschismus. Was also spricht für den Antifaschismus? Nur die isolierte Betrachtung einer Komponente, der moralischen. Was spricht gegen ihn? Die Erkenntnis seines Doppelcharakters, die es unmöglich macht, der Moral zu vertrauen.

Das Fazit zeigt uns: Der Antifaschismus ist ein Symptom für:

* zunehmende Unfreiheit,
* wachsende Bevormundung (autoritäre Tendenzen, Verbots-Demokratie),

- Herrschaft aktiver Minderheiten über eine stumpfe, passive Mehrheit (Minderheitenterror),
- Pseudomoral,
- negativen Einfluß von Ideologieresten (Sozialismus-Ersatz),
- Kriminalisierung immer weiterer Meinungen, Gewohnheiten, Verhaltensweisen.

Es geht alles vorüber, es geht alles vorbei – auch Bedeutung und Einfluß des Antifaschismus. Allerdings sollte man nicht nur auf die Automatik des Geschichtsablaufs vertrauen. Etwas überwinden heißt auch, eine Alternative anzubieten. Zu welchem Ziel? Zur Wahrung der persönlichen Freiheit und der nationalen Selbstbestimmung. Dabei ist der Wandel der Verhältnisse zu berücksichtigen. Es sollte darauf hingewirkt werden, den gewaltsamen Umsturz zu verhindern, den unvermeidbaren, ja notwendigen Wandel aber rational zu steuern. Auch wenn alle bisherigen Erfahrungen in der Geschichte gegen ein Gelingen dieses Vorhabens sprechen – wann hätte je die Vernunft über den Trieb gesiegt –, einen Versuch ist es trotzdem wert.

Kommentierte Bibliographie

Unser Thema ist, wie ein neudeutsches Modewort lautet, »umstritten«. Das äußert sich in einer kaum überschaubaren Publikationsflut, nicht nur zu »Faschismus« und »Antifaschismus« im engeren Sinne. Hinzu kommen Gebiete wie der »Kampf gegen Rechts«, »Rechtsextremismus« oder »Bewältigung der Vergangenheit«. Faschismus und Antifaschismus sind janusköpfige Bezeichnungen: einerseits politische Kampfvokabeln zur Diffamierung des Gegners, andererseits durchaus seriöse Begriffe, die der geschichtlichen und der sozialwissenschaftlichen Analyse dienen. Dementsprechend widersprüchlich ist die Literatur zum Thema. Wir beschränken uns hier auf eine Auswahl der in unseren Augen wichtigsten Literatur.

Faschismus

MICHEL FOUCAULT, ALAIN GEISMAR, ANDRÉ GLUCKSMANN: *Neuer Faschismus, neue Demokratie. Über die Legalität das Faschismus im Rechtsstaat*, Berlin 1972 (Rotbuch; 43). Linke Theoretiker stellen einen »neuen« Faschismus vor, den sie in Gegensatz zum »alten« marxistischen Bild setzen. Obwohl historisch völlig überholt, bleibt es als Dokument des Wandels ideologischer Positionen interessant.

WERNER LOH, WOLFGANG WIPPERMANN: *»Faschismus« kontrovers*, Stuttgart 2002. Enthält 32 Beiträge unterschiedlich orientierter Wissenschafter, die Begriff, Theorie und Geschichte des Faschismus diskutieren, eben: kontrovers und deshalb ohne eindeutiges Fazit.

ROBERT O. PAXTON: *Anatomie des Faschismus,* München 2006. Bietet u. a. eine eher verwirrende als aufklärende »operationalisierbare« Kurzdefinition des Faschismus. Interessant wegen Begriff und Theorie.

MICHAIL ROMM: *»Der gewöhnliche Faschismus«. Ein Werkbuch zum Film von Michail Romm,* hrsg. von Wolfgang Beilenhoff und Sabine Hänsgen unter Mitwirkung von Maja Turowskaja, Berlin 2009. Obwohl Romms Film (1968) sowjetkommunistische Propaganda ist, erinnert er an den Unterschied zwischen »Faschismus« als ideologiegestütztem Herrschaftssystem und als Alltagserscheinung.

KARLHEINZ WEISSMANN: *Faschismus. Eine Klarstellung,* Schnellroda 2009. Ein Versuch, den Begriff »Faschismus« objektiv und nicht antifaschistisch zu betrachten sowie dessen Facettenreichtum wissenschaftlich darzulegen.

Antifaschismus in der SBZ/DDR

WALTER ULBRICHT: *Der faschistische deutsche Imperialismus 1933–1945,* (Ost-)Berlin ⁴1956. Der Band steht pars pro toto für das Werk Ulbrichts, in dem sich zahllose Wertungen finden, die heute zeigen, wie sehr sich die Bundesrepublik die DDR anverwandelt hat.

AUSSCHUSS FÜR DEUTSCHE EINHEIT (HRSG.): *Jugendvergiftung als System. Eine Dokumentation über die Vorbereitung der westdeutschen Jugend auf einen neuen Krieg,* (Ost-)Berlin 1960. Propagandaschrift mit typischer Darstellung der Bundesrepublik als Hort der alten Eliten, die einen neuen Faschismus vorbereiten.

Dietrich Eichholtz, Kurt Gossweiler (Hrsg.): *Faschismusforschung. Positionen, Probleme, Polemik,* (Ost-)Berlin 1980. Summe der DDR-Forschung zum Thema »Faschismus«, die im Westen noch im selben Jahr nachgedruckt wurde.

Olaf Kappelt: *Braunbuch DDR. Nazis in der DDR,* Berlin 1981. Eine Darstellung, die an der antifaschistischen Fassade der DDR kratzte und dem Autor intensive Nachstellungen der Staatssicherheit bescherte.

Karl-Heinz Heinemann, Wilfried Schubarth (Hrsg.): *Der antifaschistische Staat entläßt seine Kinder. Jugend und Rechtsextremismus in Ostdeutschland,* Köln 1992. Seit der Wende haben Bücher (im Grunde bis heute) Konjunktur, die in den neuen Bundesländern eine ganz besondere Affinität zum Rechtsextremismus vermuten.

Günter Bohnsack, Herbert Brehmer: *Auftrag Irreführung. Wie die Stasi Politik im Westen machte,* Hamburg 1992. Die Versuche der Einflußnahme waren ebenso zahl- wie einfallsreich und machten sich nicht selten den antifaschistischen Grundkonsens zunutze, um eine Spaltung der Gesellschaft zu provozieren.

Detlef Joseph: *Hammer, Zirkel, Hakenkreuz. Wie antifaschistisch war die DDR?,* Berlin 2006. Eine antifaschistische Heiligsprechung der DDR durch einen Juristen, der in der DDR Professor für Staats- und Rechtstheorie war.

Klaus Dieter Müller, Mike Schmeitzner: *Demokratische Gegner und Willküropfer von Besatzungsmacht und SED in Sachsenhausen (1946 bis 1950),* Leipzig 2008. Der Band zeigt die ideologische Grundlage des Antifaschismus auf, hier bes. Kap. 4.1: zum »Antifaschismus« und den (demokratischen) Antifaschisten.

SEBASTIAN PRINZ: *Die programmatische Entwicklung der PDS. Kontinuität und Wandel der Politik einer sozialistischen Partei*, Wiesbaden 2010. Eingehende Studie über den Transformationsprozeß der Nachfolgepartei der SED, die ihre Integration dem antifaschistischen Grundkonsens verdankt.

Antifaschismus in der BRD

WOLFGANG FRITZ HAUG: *Der hilflose Antifaschismus*, Frankfurt am Main 1968. Marxistische Kritik am bürgerlichen Antifaschismus.

PETER FURTH: »Epigonaler Antifaschismus« (1990), in: *Tumult. Vierteljahresschrift für Konsensstörung*, Frühjahr 2016, S. 30–32. Interessant wegen des seither eingetretenen Wandels.

PETER KRAT, RAIMUND HETHEY: *In bester Gesellschaft. Antifa-Recherche zwischen Konservativismus und Neo-Faschismus*, Göttingen 1991. Typisches Produkt der Antifa-Riecherei der 1990er Jahre, die damals vor allem Renegaten und Esoterikern Faschismus vorwarf.

DER BUNDESMINISTER DES INNERN (HRSG.): *Bedeutung und Funktion des Antifaschismus*, Bonn ²1994. Die Broschüre zeigt deutlich und unfreiwillig die veränderte Einstellung der Bundesrepublik fort vom Antitotalitarismus und hin zu einem hier noch abgelehnten Antifaschismus.

HORST SCHUH (HRSG.): *Buchenwald und der deutsche Antifaschismus*, Brühl 1996. Dieser Band 4 der »Beiträge zur inneren Sicherheit« enthält drei Aufsätze zum »Antifaschismus«: das Verhältnis zum Linksextremismus, als Kampfbegriff und in der DDR.

PATRICK MOREAU, JÜRGEN LANG: *Linksextremismus. Eine unterschätzte Gefahr,* Bonn 1996. Ausführliche Darstellung mit Berücksichtigung des Antifaschismus, der »Volksfront gegen Reaktion, Faschismus und Krieg« und der VVN.

JOSEF SCHÜSSLBURNER: *Demokratie-Sonderweg Bundesrepublik,* Künzell 2004. Auf den Seiten 682 bis 686 wird der Einfluß des Antifaschismus auf die Herrschaftsordnung der Bundesrepublik dargestellt.

FELIX KRAUTKRÄMER: *Die offene Flanke der SPD. Der Fall Stephan Braun und die Zusammenarbeit von Sozialdemokraten und Linksextremisten,* Berlin 2007. Sehr materialreich, auch eine gute Übersicht über personelle Antifa-Aktivitäten.

LARS NORMANN: *Rechts im Spiegel von Links. Die Zeitschrift »blick nach rechts« als Symptom politischer Kultur der Bundesrepublik Deutschland,* München 2008. Eingehende Untersuchung eines der wichtigsten Organe des Antifaschismus in der Bundesrepublik.

BETTINA BLANK: *»Deutschland, einig Antifa«? »Antifaschismus« als Agitationsfeld von Linksextremisten,* Baden-Baden 2014. Umfangreiche Gesamtdarstellung von den Anfängen des Antifaschismus seit 1919. Kritische Beleuchtung der Durchsetzung antifaschistischer Gedanken selbst bei sog. bürgerlichen Parteien.

CHRISTIAN JUNG, THORSTEN GROSS: *Der Links-Staat. Enthüllt die perfiden Methoden der »Antifa« und ihrer Helfers-*

helfer in Politik und Medien, Rottenburg 2016. Materialreiche Schilderung »antifaschistischer« Strömungen und ihres Einflusses, oft in polemischer Zuspitzung; Verbindung von Informations- und Kampfschrift.

Mirja Keller u. a.: *Antifa. Geschichte und Organisierung*, Stuttgart ³2018. Erstmals 2011 von einem linken Autorenkollektiv verfaßte Darstellung der Geschichte der antifaschistischen Gruppen in Deutschland, deren Lektüre sich lohnt, um die verschiedenen Strömungen verstehen zu können und sich mit dem Phänomen Antifa einmal von innen heraus zu beschäftigen.

Antifaschistische Gewalt

Bernhard Rabert: *Links- und Rechtsterrorismus in der Bundesrepublik Deutschland von 1970 bis heute*. Mit einem Vorwort von Hans-Helmuth Knütter, Bonn 1995. Detailreiche Untersuchung über ideologisch motivierten Terror aus konservativer Sicht.

Matthias Mletzko: »Gewaltdiskurse und Gewalthandeln militanter Szenen. Teil 1. Unterschiede am Beispiel ›Antifa‹ und ›Anti-Antifa‹ dargestellt«, in: *Kriminalistik* 8–9/2001, S. 543–548.

Autorenkollektiv gegen Totalitarismus (Hrsg.): *Antifa heißt Gewalt. Feuer und Flamme für jeden Staat*, Tübingen 2002. Eine von wahrscheinlich sechs anonymen Autoren verfaßte rechte Abrechnung mit vielen sachlichen Hinweisen und Nachweisen.

Enzo Traverso: *Im Bann der Gewalt. Der europäische Bürgerkrieg 1914–1945*, München 2008. Hier bes. Kap. 8: »Widersprüche des Antifaschismus«, S. 285–307.

Senatsverwaltung für Inneres und Sport (Berlin): *Linke Gewalt in Berlin 2003–2008*, Berlin 2009 (Dazu: ein Heft »Dokumentation«, 24 S.). Ein Versuch der Objektivierung, der ziemlich deutlich zeigt, wer in Berlin die öffentliche Ordnung bedroht.

Nils Schumacher: »Sich wehren, etwas machen – Antifa-Gruppen und -Szenen als Einstiegs- und Lernfeld im Prozeß der Politisierung«, in: René Schultens, Michaela Glaser (Hrsg.): *Linke Militanz im Jugendalter. Befunde zu einem umstrittenen Phänomen,* Halle 2013, S. 47–70. Der »wissenschaftliche Anspruch« des Sammelbandes führt zu einer äußerst zurückhaltenden Darstellung linker Jugendgewalt.

Extremismusbegriff des Verfassungsschutzes

Josef Schüsslburner, Hans-Helmuth Knütter (Hrsg.): *Was der Verfassungsschutz verschweigt. Bausteine für einen alternativen Verfassungsschutz-Bericht,* Schnellroda 2007. Ein umfangreicher Versuch, den Extremismusbegriff des Verfassungsschutzes als Herrschaftsinstrument zu entlarven und gleichzeitig zu zeigen, woher der Verfassung wirklich Gefahr droht.

Wolfgang Hackert: *Getürkt und gelinkt. Wem nützt »Rechte Gewalt«?,* Riesa 2009. Eine NPD-Schrift, die trotz ihrer Tendenz eine brauchbare, reichhaltige Faktenzusammenstellung bietet.

Armin Pfahl-Traughber: »›Antifaschismus‹, ›Anti-Globalisierung‹ und ›Anti-Repression‹: Handlungsfelder des Linksextremismus in Deutschland«, in: Ulrich Dovermann (Hrsg.): *Linksextremismus in der Bundesrepublik*

Deutschland, Bonn 2011, S. 163–181. Eine Darstellung mit deutlich linkem »politisch-ideologischen Einschlag«, die gut die Position des Verfassungsschutzes zusammenfaßt.

JOSEF SCHÜSSLBURNER: *»Verfassungsschutz«: Der Extremismus der politischen Mitte,* Schnellroda 2016. Eine knappe Fortschreibung des »alternativen Verfassungsschutzberichts«.

ANDREAS ZICK, BEATE KÜPPER, DANIELA KRAUSE: *Gespaltene Mitte – Feindselige Zustände. Rechtsextreme Einstellungen in Deutschland 2016,* Bonn 2016. Das Bielefelder Institut für interdisziplinäre Konflikt- und Gewaltforschung bemüht sich in Zusammenarbeit mit der SPD-nahen Friedrich-Ebert-Stiftung um eine empirische Schilderung von »Rechts« und »Rechtsextremismus« mit deutlich antifaschistischem Einschlag.

»Kampf gegen Rechts«

WOLFGANG KOWALSKY: *Rechtsaußen und die verfehlten Strategien der deutschen Linken,* Berlin 1992. Auf den Seiten 21 bis 35 wird die Antifaschismusstrategie als verfehlt dargestellt.

CLAUS M. WOLFSCHLAG: *Das »antifaschistische Milieu«. Vom »Schwarzen Block« zur »Lichterkette«. Die politische Repression gegen »Rechtsextremismus« in der Bundesrepublik Deutschland,* Graz 2001. Das aufschlußreichste und umfassendste Werk zu diesem Thema.

ROLAND ROTH, ANKE BENACK: *Bürgernetzwerke gegen Rechts. Evaluierung von Aktionsprogrammen und Maßnahmen gegen Rechtsextremismus und Fremdenfeindlichkeit,* Bonn 2003. Übersicht über die finanzielle Förderung des Antifaschismus, Stand 2003. Trotz SPD-Nähe nicht unkritisch; die Ergebnisse dieser Schrift wurden im Bundestag kontrovers diskutiert (Sitzung am 12. Februar 2003).

INSTITUT FÜR STAATSPOLITIK (HRSG): *Erosion der Mitte. Die Verflechtung von demokratischer und radikaler Linker im »Kampf gegen Rechts« am Beispiel der Amadeu-Antonio-Stiftung*, Schnellroda 2004. Frühe Studie über die Stiftung, die heute im Zentrum der Macht angekommen ist und die antifaschistische Agenda der Bundesrepublik mitbestimmt.

RUDOLF VAN HÜLLEN: »Die VVN-BdA. Ein trojanisches Pferd für das Engagement gegen Rechtsextremismus«, in: *Freiheit und Recht*, 2009, H. 3 und 4.

Vergangenheitsbewältigung

RALPH GIORDANO: *Die zweite Schuld oder Von der Last, Deutscher zu sein*, Hamburg 1987. Populärste Anklageschrift gegen die Deutschen, die in der Vergangenheitsbewältigung niemals genug werden tun können. Klassische Faschismuskeule.

ARMIN MOHLER: *Der Nasenring. Die Vergangenheitsbewältigung vor und nach dem Fall der Mauer*, München 1991. Erweiterte Auflage der klassischen Studie über die Erpressungsstrategien der Vergangenheitsbewältigung und über ihre Profiteure.

WOLF CALEBOW: *Auf dem Weg zur Normalisierung. 15 Jahre Dialog mit amerikanischen Juden*, Berlin 1999. Der ehemalige Diplomat berichtet ohne die üblichen Versöhnungs- und Freundschaftsphrasen offen über Erfolge, aber auch über Feindschaft, Mißtrauen, Intrigen, Interessenpolitik.

CHRISTINA MEYER: *Die SPD und die NS-Vergangenheit 1945–1990,* Göttingen 2015. Eine Untersuchung der widersprüchlichen Behandlung des NS-Personals, schwankend zwischen Verurteilung und versöhnlicher Haltung; ein Wandel zum »Antifaschismus« trat 1979 ein.

Totalitarismus und Antitotalitarismus
PAWEŁ SPIEWAK (HRSG.): *Anti-Totalitarismus. Eine polnische Debatte,* Frankfurt am Main 2003. Der umfangreiche Band versammelt Beiträge zu einer Debatte über die kommunistischen Bedingungen des antifaschistischen Grundkonsens, die in Deutschland nie geführt wurde.

TIM PETERS: *Der Antifaschismus der PDS aus antiextremistischer Sicht,* Wiesbaden 2006. Eine antitotalitäre Würdigung der ideologischen Grundlagen der Nachfolgepartei der SED.

MANFRED FUNKE: »Totalitarismus, Extremismus, Radikalismus«, in: *Handbuch der katholischen Soziallehre,* hrsg. von ANTON RAUSCHER, Berlin 2008. Begriffserklärungen auf antitotalitärer Grundlage.

THILO SARRAZIN: *Der neue Tugendterror. Über die Grenzen der Meinungsfreiheit in Deutschland,* München 2014. Ein populäres Opfer der Faschismuskeule reflektiert über die Hintergründe der Kampagne gegen ihn.

KLAUS SCHROEDER, MONIKA DEUTZ-SCHROEDER: *Gegen Staat und Kapital – für die Revolution! Linksextremismus in Deutschland – eine empirische Studie,* Frankfurt am Main 2015. Das extremistische Umfeld, in dem der Antifaschismus als ein Element des Linksextremismus seinen Ort hat, wird auf der Basis einer modernen Totalitarismuskonzeption vergleichend dargestellt.

»Neue Rechte«

LIANE BEDNARZ, CHRISTOPH GIESA: *Gefährliche Bürger. Die neue Rechte greift nach der Mitte*, München 2015. Seit dem Aufstieg der AfD zu einer politischen Kraft in Deutschland wird die Faschismuskeule wieder gern gegen jene gezückt, die sich auf der »falschen Seite« engagieren.

VOLKER WEISS: *Die autoritäre Revolte, die neue Rechte und der Untergang des Abendlandes,* Stuttgart 2017. Die Wandlungen der »Rechten« im zweiten Jahrzehnt des 21. Jahrhunderts hin zu einer »neuen Rechten« sollen erfaßt werden, um sie besser als Fleisch vom Fleische des Faschismus stigmatisieren zu können.

MELANIE AMANN: *Angst für Deutschland. Die Wahrheit über die AfD: wo sie herkommt, wer sie führt, wohin sie steuert,* München 2017. Versuch einer Beschreibung der AfD durch eine *Spiegel*-Journalistin als Störung des antifaschistischen Grundkonsenses.

THOMAS WAGNER: *Die Angstmacher. 1968 und die Neuen Rechten,* Berlin 2017. Halbwegs fairer Versuch eines linken Journalisten über die AfD und ihre Vordenker.

Hans-Helmuth Knütter zum Antifaschismus

Kritik des Antifaschismus, Bornheim 1990; *Antifaschismus als innen- und außenpolitisches Kampfmittel*, Bornheim 1991; gem. mit STEFAN WINCKLER (HRSG.): *Der Verfassungsschutz. Auf der Suche nach dem verlorenen Feind*, München 2000; gem. mit STEFAN WINCKLER (HRSG.): *Handbuch des Linksextremismus. Die unterschätzte Gefahr*, Graz 2002; *Erich Honecker »lebt« – Ein Gespenst geht um in Deutschland. Deutschland driftet nach links!*, Hamburg 2008; *Antifaschismus. Der geistige Bürgerkrieg*, Hamburg 2010; *Mit Rot-Rot-Grün zum linksautoritären Staat*, Hamburg 2017.

Anmerkungen

Vorwort

1 ARTHUR SCHOPENHAUER: *Eristische Dialektik oder Die Kunst, Recht zu behalten, in 38 Kunstgriffen dargestellt*, Zürich 1983, S. 66 f.
2 LEO STRAUSS: *Naturrecht und Geschichte*, Stuttgart 1956, S. 44 f.
3 FRANÇOIS BONDY: *Pfade der Neugier: Portraits*, Einsiedeln 1988, S. 84.
4 Zitiert nach: https://de.wikipedia.org/wiki/Hans-Helmuth_Knütter
5 Letztes prominentes Beispiel ist die skandalisierte Rede des AfD-Politikers Björn Höcke, vgl.: https://www.welt.de/politik/deutschland/article161286915/Was-Hoecke-mit-der-Denkmal-der-Schande-Rede-bezweckt.html
6 Vgl.: https://jungefreiheit.de/politik/deutschland/2018/afd-keine-oeffentlichen-gelder-fuer-feierabendterroristen/
7 Deutscher Bundestag: Drucksache 19/45, S. 35.
8 Vgl. dazu: INSTITUT FÜR STAATSPOLITIK (HRSG.): *Die Stunde des Populismus. Das Volk, die Elite und die Krise der Repräsentation*, Steigra 2017.
9 CARL SCHMITT: *Glossarium. Aufzeichnungen aus den Jahren 1947 bis 1958*, Neuausgabe, Berlin 2015, S. 300 (Eintrag vom 8.8.1953).

1. Grundsätzliches

10 FRANCIS FUKUYAMA: *Das Ende der Geschichte*, München 1992.
11 ALEXANDER ABUSCH: *Der Irrweg einer Nation. Ein Beitrag zum Verständnis deutscher Geschichte*, Berlin 1946. 1960 erschien die achte, neu durchgesehene und erweiterte Auflage.

12 Allg. zum Thema: BERND RABEHL: *Linke Gewalt,* Schnellroda 2007.

13 KLAUS HILDEBRAND: *Das Dritte Reich,* München 1979, S. 134 ff.

14 Hans Nawiasky hat den Begriff geprägt. (Im Hinblick auf Art. 1 und 20 in Verbindung mit Art. 79 GG hat er von einer »Staatsfundamentalnorm« gesprochen. DERS.: *Die Grundgedanken des Grundgesetzes für die Bundesrepublik Deutschland,* Stuttgart 1950, S. 122 u. ö.)

15 HANS-HELMUTH KNÜTTER: »Internationale Antifaschismuskampagnen und ihre Rückwirkung auf die Bundesrepublik Deutschland«, in: BUNDESMINISTER DES INNERN (HRSG.): *Bedeutung und Funktion des Antifaschismus,* Bonn 1990, S. 85 ff.

16 HANS-WERNER RICHTER: *Im Etablissement der Schmetterlinge. 21 Porträts aus der Gruppe 47,* München 1986. Vgl. auch: *Die politische Meinung,* H. 226, Mai/Juni 1986, S. 98 f.

17 Zitiert nach KLAUS W. WIPPERMANN: »Deutsche Intellektuelle. Virtuosen der Selbsttäuschung«, in: *Mut,* Nr. 294, Februar 1992, S. 12.

18 Zur Abgrenzung der kulturtragenden Intelligenz von der technisch-organisatorischen Intelligenz vgl. ALFRED VON MARTIN: »Abriß einer Soziologie der Intelligenz«, in: DERS.: *Ordnung und Freiheit,* Frankfurt a. M. 1956, S. 249.

19 Diese Deutung Helmut Schelskys nach MANFRED KOCH-HILLEBRECHT: *Der Stoff, aus dem die Dummheit ist,* München 1978, S. 216.

20 WILLEM MELCHING: »A new morality: Left wing intellectuals on sexuality in Weimar Germany«, in: *Journal of Contemporary History,* Vol. 25, 1990.

21 JOHANN ALBRECHT VON RANTZAU: »Deutschland und die hedonistische Glückseligkeit«, in: *Welt als Geschichte,* H. 3/4, 1962, S. 112.

22 PETER SLOTERDIJK: *Kritik der zynischen Vernunft*. Bd. 2, Frankfurt a.M. 1983, S. 711.

23 BERNHARD BLANKE, REIMUT REICHE, JÜRGEN WERTH: »Die Faschismustheorie der DDR«, in: *Das Argument*, H. 33/1965, S. 33–55, hier S. 48.

24 MANFRED HAHN: »Faschismus in verändertem Aufzug«, in: *Das Argument*, H. 48/1968, S. 307.

25 WOLFGANG FRITZ HAUG: *Der hilflose Antifaschismus*, Frankfurt a.M. 1968, S. 148.

26 Ebd., S. 149.

27 GEORG WILHELM FRIEDRICH HEGEL: Brief an Niethammer vom 26.10.1808, zitiert nach: ALEXANDER RÜSTOW: *Ortsbestimmung der Gegenwart*. Bd. 1, Erlenbach-Zürich 1950, S. 14.

2. Der antifaschistische Staat

28 DIETRICH EICHHOLZ (HRSG.): *Faschismusforschung. Positionen, Probleme, Polemik*, (Ost-)Berlin 1980, S. 16.

29 WALTER ULBRICHT: *Der faschistische deutsche Imperialismus (1933–1945)*, (Ost-)Berlin ⁴1956, S. 111.

30 WALTER ULBRICHT: *Zur Geschichte der neuesten Zeit*. Bd. I, 1. Halbband, (Ost-)Berlin 1955, S. 48.

31 WOLFGANG LEONHARD: *Die Revolution entläßt ihre Kinder*, Köln 1955, S. 244.

32 Kurzbiographie in: HERMANN WEBER: *Kleine Geschichte der DDR*, Köln 1988, S. 218.

33 LEONHARD, *Revolution*, a. a. O., S. 433.

34 HANS-ADOLF JACOBSEN: *Der Zweite Weltkrieg. Grundzüge der Politik und Strategie in Dokumenten*, Frankfurt a.M. 1965, S. 46.

35 ULBRICHT, *Geschichte*, a. a. O., S. 98 f.

36 Ebd., S. 62.

37 LEONHARD, *Revolution*, a. a. O., S. 337 ff.
38 ULBRICHT, *Geschichte*, a. a. O., S. 62 f.
39 LEONHARD, *Revolution*, a. a. O., S. 337.
40 Ebd., S. 343 f.
41 HEINZ HEITZER U.A. (HRSG.): *DDR – Werden und Wachsen. Zur Geschichte der Deutschen Demokratischen Republik*, Frankfurt a.M. 1975, S. 23.
42 ROLF BADSTÜBNER: *Restaurationsapologie und Fortschrittsverteufelung*, Frankfurt a.M. 1987, S. 91.
43 HAGEN RUDOLPH: *Die verpaßten Chancen. Die vergessene Geschichte der Bundesrepublik*, Hamburg 1979, S. 55.
44 *Kleines politisches Wörterbuch*, (Ost-)Berlin 1988. In den früheren Auflagen heißt der Artikel »antifaschistisch-demokratische Ordnung« und enthält gegenüber dieser Auflage erhebliche Textabweichungen, die jedoch die Tendenz nicht berühren.
45 HERMANN WEBER: *Der deutsche Kommunismus. Dokumente*, Köln/Berlin 1963, S. 435.
46 FRANZ DAHLEM: »Wer kann Mitglied der KPD werden?«, in: *Deutsche Volkszeitung* (Zentralorgan der KPD), 27.7.1945.
47 WALTER ULBRICHT: *Zur Geschichte der deutschen Arbeiterbewegung*. Bd. H. 2. Zusatzband, (Ost-)Berlin 1968, S. 205. Siehe auch *Neues Deutschland*, 17.4.1965, Brief von Ulbricht an Pieck 1945.
48 WEBER, *Geschichte*, a. a. O., S. 22.
49 Siehe zu dieser Problematik etwa KARL-WILHELM FRICKE: *Politik und Justiz in der DDR. Zur Geschichte der politischen Verfolgung 1945–1968*, Köln 1979, und GERHARD FINN: *Die politischen Häftlinge der Sowjetzone 1945–1959*, Pfaffenhofen 1960.
50 Zitiert nach: *Deutsche Volkszeitung*, 22.12.1945 (Führungswechsel in der CDU).
51 Ebd.

52 OTTO SCHRÖDER: *Der Kampf der KPD in der Vorbereitung und Durchführung des Volksentscheides in Sachsen, Februar bis 30. Juni 1946,* (Ost-)Berlin 1961.

53 Interner Aktenvermerk aus dem SED-Parteivorstand über die Gründung der NDPD, Juni 1948, in: HERMANN WEBER (HRSG.): *DDR. Dokumente zur Geschichte der Deutschen Demokratischen Republik,* München 1980, Nr. 57.

54 Ebd.

55 *Prawda,* 20.8.1949 (zitiert nach *Archiv der Gegenwart* 2047 – in Zukunft abgekürzt *AdG*).

56 Note der Sowjetregierung an Frankreich vom 11.9.1951 (*AdG* 3110).

57 *Prawda,* 30.6.1953 (*AdG* 4057).

58 Ebd.

59 Erklärung des ZK der KPdSU zum Verbot der KPD vom 28.8.1956 (*AdG* 5948).

60 Pressekonferenz in Ost-Berlin über Nazi-Diplomatie im Bonner Auswärtigen Amt. 12.12.1961 (*AdG* 9541).

61 Sowjetische Protesterklärung an die Bundesrepublik gegen die Ernennung von General Foertsch. 9.4.1961 (*AdG* 9023).

62 *AdG* 12061.

63 *AdG* 12208.

64 »BRD weist sowjetische Note zur Frage der Verjährung von Naziverbrechen als beleidigend zurück«, 18.1.1965 (*AdG* 11646). Und: »Sowjetnote an die Westmächte protestiert gegen Übernahme des BRD-Verjährungsgesetzes durch Westberliner Senat«, 3.7.1965 (*AdG* 11942).

65 »Scharfer sowjetischer Angriff gegen BRD; Kiesinger beklagt sowjetische Angstpsychose. Rede von Bundeskanzler Kiesinger am 30.1.1967« (*AdG* 12957–12960).

66 Ebd. (*AdG* 12960)

67 »UdSSR bezeichnet geplante Notstandsgesetzgebung als Verstoß gegen die Potsdamer Abmachungen. Erklärung vom 19.7.1967« (*AdG* 13307). Und: »TASS-Erklärung warnt vor Annahme der Notstandsgesetze in der BRD«, 28.5.1967 (*AdG* 13937 f.).

68 »Sowjetunion beharrt auf Interventionsrecht gegen BRD aus Artikel 53 und 107 der UN-Charta sowie aus dem Potsdamer Vertrag. Memoranden vom 21.11.1968 und 5.7.1968« (*AdG* 14199).

69 »Sowjetische Erklärung zum 20. Jahrestag der NATO enthält scharfe Angriffe gegen USA und BRD und fordert gesamteuropäisches Sicherheitssystem. Erklärung vom 9.4.1969« (*AdG* 14608).

70 »Rede Leonid Breschnews anläßlich des 20. Jahrestages der DDR« 7.10.1969 (*AdG* 14964).

71 »DDR und UdSSR weisen Angriffe der VR China gegen Vertrag zwischen BRD und UdSSR zurück«, *Neues Deutschland*, 22.9.1970 (*AdG* 15741).

72 »Revolution in Filz«, in: *Der Spiegel*, 17.11.1965, S. 110.

73 JAN JOSEF LIPSKI: »Zwei Banditen«, in: *Der Spiegel*, 20.8.1984, S. 91.

74 ULBRICHT, *Imperialismus*, a. a. O., S. 102.

75 WALTER ULBRICHT: *Zur Geschichte der deutschen Arbeiterbewegung. Aus Reden und Aufsätzen*, Bd. 2 (1933–1946), (Ost-)Berlin 1955, S. 610.

76 Diese Einstellung kommt bereits in einer offiziösen Broschüre, »*... und das in Deutschland nach einem Jahr*«, Berlin 1946, zum Ausdruck.

77 AUSSCHUSS FÜR DEUTSCHE EINHEIT (HRSG.): *Wie sieht es drüben aus? Wissenswertes über Westdeutschland*, (Ost-)Berlin 1958.

78 Ebd., S. 71.

79 DERS.: *Jugendvergiftung als System. Eine Dokumentation über die Vorbereitung der westdeutschen Jugend auf einen neuen Krieg*, (Ost-)Berlin 1960, S. 3 und 32.

80 DERS.: *Strauß und Brandt mobilisieren die SS. Drahtzieher der Revanchehetze um West-Berlin*, (Ost-)Berlin 1962, S. 94.

81 Ebd., S. 58.

82 DERS.: *Hitlers Generale greifen nach Atomwaffen. Dokumentation über das Streben der Bonner Militaristen nach Atomwaffen und über die Rolle des Generalinspekteurs der Bundeswehr Trettner*, (Ost-)Berlin 1964.

83 DERS.: *Wer regiert in Bonn? Die wahren Herren der Bundesrepublik*, (Ost-)Berlin 1958, S. 5.

84 DERS.: *... wieder am Hebel der Macht*, (Ost-)Berlin 1960, S. 3.

85 Ebd., S. 4.

86 DERS.: *Fortschritt und Reaktion. Führende Persönlichkeiten beider deutscher Staaten – eine Gegenüberstellung*, (Ost-)Berlin 1961, S. 2.

87 DERS.: *Die Wahrheit über Oberländer. Braunbuch über die verbrecherische faschistische Vergangenheit des Bonner Ministers*, (Ost-)Berlin 1960, S. 175 und 179.

88 DERS.: *Der aufhaltsame Aufstieg des Dr. Hans Maria Globke* und DERS.: *Globkes braune Notstandsexekutive. Das Bonner Geheimkabinett der Staatssekretäre – ein Exklusivverein belasteter Nazis und Antisemiten*, (Ost-)Berlin 1963.

89 DERS.: *Eichmann: Henker, Handlanger, Hintermänner*, (Ost-)Berlin 1961.

90 DERS.: *Der ehrbare Mörder*, (Ost-)Berlin 1962, S. 1.

91 DERS.: *Von der Reichsanwaltschaft zur Bundesanwaltschaft. Wolfgang Fränkel neuer Generalbundesanwalt*, (Ost-)Berlin 1962 und INGO MÜLLER: *Furchtbare Juristen. Die unbewältigte Vergangenheit unserer Justiz*, München 1987, S. 218.

92 Zitiert nach PETER JOCHEN WINTERS: »Eine Stimmung in der DDR wie 1961. Warum die SED keine Reformen will«, in: *FAZ,* 24.8.1989, S. 12.

93 WALTER VON CUBE: *Ich bitte um Widerspruch,* Frankfurt a. M. 1952, S. 227.

94 Ebd., S. 220.

95 SABINA LIETZMANN: »›Laßt doch die Deutschen weinen!‹ Gefährliche Deutschland-Klischees in Amerika«, in: *FAZ,* 21.12.1961.

96 T. H. TETENS: *The New Germany and the Old Nazis,* New York 1961.

97 LIETZMANN, Gefährliche Deutschland-Klischees, a. a. O.

98 HANS JOACHIM REICHARDT, JOACHIM DROGMANN (HRSG.): *Berlin. Chronik der Jahre 1959–1960. Schriftenreihe zur Berliner Zeitgeschichte,* Bd. 9, Berlin 1978, S. 727 f.

99 Die zahlreichen antifaschistisch-pornographischen Broschüren lassen sich, da es sich um »graue« Literatur handelt, bibliographisch nicht nachweisen. Eine Sammlung von Heften liegt vor, eine Besprechung bietet EKKEHARD KLAUSA: »Wie sich Little Sam die Deutschen vorstellt ...«, in: *Kurier (Stimmen der Jugend),* 13. Jg., Nr. 10, Oktober 1962. Außerdem: MANFRED GEORGE: »Wie denkt man in Amerika über uns?«, in: *Christ und Welt,* 9.3.1962; GEORG RAMSEGER: »Wolken, die noch lange nicht zerrissen«, in: *Die Welt,* 7.3.1963; und »Fünfzig Jahre deutsche Kriege«, in: *Die Welt,* 12.3.1963.

100 ANTJE ZIEGLER: »Der manipulative Gebrauch des Faschismusvorwurfs in der arabisch-islamischen Welt«, in: HANS-HELMUTH KNÜTTER (HRSG.): *Antifaschismus als innen- und außenpolitisches Kampfmittel,* Bornheim 1991, S. 116–148.

101 Zitiert nach: »DDR-Justiz geht hart gegen das ›Rowdytum‹ von Skinheads vor«, in: *Frankfurter Rundschau*, 13.5.1988, S. 1.
102 WILFRIED SCHUBARTH, RONALD PSCHIERER, THOMAS SCHMIDT: »Verordneter Antifaschismus und die Folgen«, in: *Aus Politik und Zeitgeschichte,* Nr. 9, 22.2.1991, S. 12 f.
103 »Hintergründe einer wachsenden Gefahr. Neofaschisten und Rechtsradikale – wer sie sind und wie sie auftraten«, in: *Neues Deutschland* (undatierter Ausschnitt, Anfang Januar 1990).
104 WOLFGANG BRÜCK: »Die Stunde der Rechten in der DDR?« (Interview), in: *Neues Deutschland*, 16./17.12.1989, S. 7.
105 MARTIN STADELMAIER: »Hoffen auf ›Mitteldeutschland‹ – die Perspektive der extrem Rechten in Deutschland«, in: *Gewerkschaftliche Monatshefte* 41, 1990, H. 9, S. 583.
106 Hier zitiert nach einer Übersetzung von WOLFGANG GRYCZ, in: *Informationsdienst des Katholischen Arbeitskreises für zeitgeschichtliche Fragen e.V.*, Nr. 157, 1989, S. 9–18, hier S. 16. (Der Artikel erschien in *Polityka*, 15.4.1989.)
107 R. GELBHAAR, R. KOKOSCHKO: »Ursachen und Formen rechtsextremistischer und neofaschistischer Erscheinungen in der DDR«, in: *AntiFa* 16, 1990, H. 4, S. 11.
108 *Mecklenburgische Kirchenzeitung* 6/1989, 5.2.1989, hier zitiert nach WALTRAUD ARENZ: *Skinheads in der DDR. Gesamtdeutsches Institut, Analysen und Berichte* 8, Bonn 1989, 10.7.1989, S. 20; auch S. 24 und 27.
109 So in: »Eine Gefahr von rechts«, in: *Der Spiegel,* 8.1.1990, S. 20.
110 KONRAD WEISS: »Die neue alte Gefahr (1989, vor der Wende)«, zitiert nach: ULRIKE BUCHMANN: »Die Feigen von gestern sind die Radikalen von heute. Über Erscheinungen und Ursachen von Radikalismus und Neofaschismus in der DDR«, in: *National-Zeitung* (Ost), Beilage, 20./21.1.1990, S. 4 f.

111 CHRISTOPH BUTTERWEGGE: »Rechtsextremismus im vereinten Deutschland«, in: *Studien von Zeitfragen,* 4/5, 1990, S. 7.
112 Zitiert nach ARENZ, *Skinheads,* a. a. O., S. 18, 20, 24.
113 BUCHMANN, Feigen, a. a. O. Ganz ähnlich SYBILLE NITSCHE: »›Der Teufel hat ein Durchschnittsgesicht.‹ Über die psychologischen Ursachen des Rechtsextremismus«, in: *Berliner Allgemeine,* 3.4.1990, S. 3. (Der Artikel stützt sich auf Angaben von Dr. Lothar Sprung, Psychologe an der Humboldt-Universität, Berlin.)
114 BUTTERWEGGE, Rechtsextremismus, a. a. O., S. 9.
115 Wilfried Schubarth u. a., Verordneter Antifaschismus, a. a. O.
116 Vgl. URSULA GORGES: »Bündnis gegen Neofaschismus und Rassismus zerrüttet«, in: *Ideen,* 1/1990, S. 66 f. und S. 68–75.
117 Alle Zitate nach: *Militante Autonome.* Hrsg. vom Bundesamt für Verfassungsschutz, Stand 10.11.1992.
118 »50 Jahre deutsche Kriege«, in: *Die Welt,* 12.3.1963.
119 HANS-HELMUTH KNÜTTER: *Deutschfeindlichkeit gestern, heute und morgen …?,* Asendorf 1991, S. 132 ff., insbesondere S. 136.
120 DIRK KÄSLER: »Die deutsche Revolution 1989: Erlebt in Florida«, in: GÜNTER TRAUTMANN (HRSG.): *Die häßlichen Deutschen? Deutschland im Spiegel der westlichen und östlichen Nachbarn,* Darmstadt 1991, S. 286.
121 ERICH KUBY: *Der Preis der Einheit. Ein deutsches Europa formt sein Gesicht,* Hamburg 1990.
122 RAINER ZITELMANN: »Wiedervereinigung und deutscher Selbsthaß«, in: *Deutschlandarchiv* 25/1992, H. 8, S. 811 ff., mit zahlreichen Zitaten (der Aufsatz ist auch abgedruckt in: WERNER WEIDENFELD, KARL RUDOLF KORTE (HRSG.): *Deutschland. Eine Nation – doppelte Geschichte. Materialien zum deutschen Selbstverständnis,* Köln 1992).

123 BRIGITTE UND ANTON LANDGRAF: »Was tun? Was nicht tun? – Was ist?«, in: *Neues Deutschland*, 14.6.1993, S. 10.
124 REGINA BEHRENDT: »Was tun? Was ist?«, in: *Berliner Linke* (Landesverband Berlin der PDS), Nr. 24/1993, S. 10.

3. Deutsch-deutsche Dialektik

125 Zitiert nach MONIKA ZIMMERMANN: »Das war kein Sozialismus, sondern Stalinismus«, in: *FAZ*, 29.11.1989, S. 3. Ganz in diesem Sinne auch FREYA KLIER: »Retten, was zu retten ist«, in: *Akut* (Bonner Studentenzeitschrift) Nr. 238, 8.12.1989, S. 9 f.
126 Die Parolen sind dokumentiert in: WOLFGANG SCHNEIDER: *Leipziger Demontagebuch,* Leipzig/Weimar 1990, S. 90 (6.11.1989), S. 104 (13.11.1989), S. 119 (20.11.1989), S. 128 f. (27.11.1989). Den Höhepunkt der Parolen brachte die Montagsdemonstration am 4.12.1989, S. 140 f. Vom 11. Dezember an (S. 153) flauten die antifaschistischen und gegen die Wiedervereinigung gerichteten Parolen ab. Zugleich nahmen die für die Wiedervereinigung eintretenden Parolen stark zu. Die Entwicklung ging von »Wir sind das Volk« zu »Wir sind ein Volk«.
127 Über ein Streitgespräch zwischen Rudolf Augstein und Günter Grass wird berichtet in: »Von Zügen und Gleisen«, in: *FAZ*, 16.2.1990. Siehe auch JENS JESSEN: »Leichtfertig. Günter Grass über Auschwitz«, in: *FAZ, 15.2.1990.* Zum »Vierten Reich« ein Bericht über Franz Josef Degenhardt: »Wo ist vorne, wo ist hinten?«, in: *FAZ, 27.11.1990.* Eine Zusammenfassung bei OSKAR FEHRENBACH: »Das Trauma. Zur Rolle der linken Intelligenz: Einheit und Nation auf dem Opferaltar der Schuld«, in: *Die politische Meinung* Nr. 253, 35. Jg., Nov./Dez. 1990, S. 63–68.
128 FRANK SCHUMANN: »Was ist Neofaschismus? Mehr als nur Hakenkreuze und Gewalt«, in: *Junge Welt* Nr. 9, 11.1.1990, S. 3.

DIE FASCHISMUSKEULE

129 STEFAN HEYM: *Auf Sand gebaut. Sieben Geschichten aus der unmittelbaren Vergangenheit*, München 1990 (Rezension in: *FAZ*, 20.11.1990).
130 *Jahrbuch der Sozialdemokratischen Partei Deutschlands 1948/49*, hrsg. vom Vorstand der SPD, S. 130, hier zitiert nach: DEUTSCHER BUNDESTAG: Drucksache 11/729 vom 28.8.1987; Antwort des parlamentarischen Staatssekretärs Spranger vom 17.8.1987 auf eine Frage des Abgeordneten Gerster (CDU/CSU), S. 4.
131 Ebd., S. 5.
132 Ebd., S. 6.
133 Ein ausführlicher Bericht, der die personellen Zusammenhänge genau aufzeigt, findet sich bei ANDREAS ZEHNTER: »Antifaschismus im politischen Tageskampf. Die Bedeutung der VVN – Bund der Antifaschisten für die kommunistische Bündnispolitik«, in: HANS-HELMUTH KNÜTTER (HRSG.): *Antifaschismus als innen- und außenpolitisches Kampfmittel*, Bornheim 1991, S. 60 ff.
134 »Keine Freiheit für die Feinde der Freiheit. Zum Antrag der Bundesregierung an das Bundesverwaltungsgericht auf Feststellung der Verfassungswidrigkeit der VVN«, in: *Bulletin des Presse- und Informationsamtes der Bundesregierung*, 24.10.1959, S. 2007 f.
135 »VVN-Prozeß. Aufs tote Gleis«, in: *Der Spiegel*, 19.12.1962, S. 29 f.
136 »Antifaschistische Demonstrationen zum 40. Jahrestag der Beendigung des Zweiten Weltkrieges«, in: *Innere Sicherheit* Nr. 3, 28.6.1985, S. 5.
137 PRESSEDIENST DER VVN: *Kongreßdienst Nr. 2*, 30.5.1987.
138 RALF GEORG REUTH: »Antifa, ein neues Aktionswort in Berlin. Das Schreckgespenst des Faschismus«, in: *FAZ*, 6.3.1989.
139 Die Zahl findet sich in: »Humanes Geschwätz«, in: *Der Spiegel*, 5.6.1989, S. 49.

140 Ebd.
141 Einige aufgezählt in: *Der Spiegel*, ebd.
142 GÜNTER BOHNSACK, HERBERT BREHMER: *Auftrag Irreführung. Wie die Stasi Politik im Westen machte*, Hamburg 1992.
143 PETER KRATZ, RAIMUND HETHEY: *In bester Gesellschaft. Antifa-Recherche zwischen Konservativismus und Neo-Faschismus*, Göttingen 1991.
144 BERND GÄBLER: »Erinnern für die Zukunft«, in: *Deutsche Volkszeitung/Die Tat*, 5.6.1987.
145 Wie Anm. 128.
146 *Verfassungsschutzbericht 1990*, S. 39.
147 Ebd., S. 40.
148 Ebd., S. 33.
149 BUNDESAMT FÜR VERFASSUNGSSCHUTZ: »Aspekte der Antifaschismusarbeit der neuen Linken«, in: *Das junge Wort*, 1.9.1990, S. 17.
150 *Verfassungsschutzbericht 1990*, S. 33.
151 »Asylpolitik. Eine Frage des politischen Willens (A. Lederer in der 113. Sitzung des Bundestages am 15.10.1992)«, in: *Rheinblick. Nachrichten aus der Abgeordnetengruppe PDS/Linke Liste im Bundestag*, Nr. 7/1992, S. 2; ferner: »Schluß mit der verantwortungslosen Politik«, in: *Pressedienst PDS/Linke Liste im Bundestag*, Nr. 535, 24.8.1992; und: ULLA JELPKE: »Aber nicht die Faschisten sind für Seiters das Sicherheitsrisiko«, in: *Neues Deutschland*, 8.10.1992.

4. Antifaschismus nach 1989

152 Als Beispiel möge das »antifaschistische Café« in der Ludolf-Camphausen-Straße 36 in Köln dienen, das Ende 1989 eingerichtet wurde.
153 HELMUT ERNST: »... damit die 58jährige Odyssee endlich ein Ende findet«, in: *Neues Deutschland*, 23.8.1990.

154 KURT FINKER: »Die Bombe lag in Potsdam«, in: *PDS Info. Extrablatt für Bonn* (Juli 1990). Finker war Historiker an der Pädagogischen Hochschule »Karl Liebknecht« in Potsdam.

155 KLAUS KINNER: »Thälmann – Deutschlands unsterblicher Sohn oder der harte Mann Stalins in der KPD?«, in: *Berliner Zeitung*, 24.8.1990, S. 13.

156 HANS COPPI: »Die lebendige Kraft des Antifaschismus«, in: *Junge Welt*, 22.2.1990.

157 Die Existenz dieser Lager ist zwar prinzipiell im Westen bekannt gewesen, wurde aber auch dort äußerst zurückhaltend betrachtet. Siehe hierzu GERHARD FINN: *Die politischen Häftlinge der Sowjetzone 1945–1959*, Pfaffenhofen 1960 (Reprint, Köln 1989).

158 Aufgezählt sind diese Gruppen in dem Artikel »Unser Land braucht eine breite Einheitsfront gegen rechts«, in: *Neues Deutschland*, 4.1.1990, S. 1.

159 Alle Zitate ebd.

160 Zitiert in dem Artikel »Neonazistische Aktivitäten nehmen zu«, in: *FAZ*, 29.12.1989.

161 MONIKA ZIMMERMANN: »Die neuen Töne erinnern wieder an alte Zeiten. Eine Demonstration gegen Faschismus am Treptower Ehrenmal«, in: *FAZ*, 5.1.1990.

162 WOLFGANG SCHNEIDER: *Leipziger Demontagebuch. Demo – Montag – Tagebuch – Demontage,* Leipzig/Weimar 1990, S. 140 f.

163 KLAUS HARTUNG: »Antifaschismus und Wahlkampf. Der bequeme Ausweg der SED«, in: *taz*, 30.1.1990.

164 In diesem Sinne JÜRGEN LEINEMANN: »Verkrüppelt und gezeichnet«, in: *Der Spiegel*, 22.1.1990, S. 76; und: »Betrugsversuch«, in: *FAZ*, 30.12.1989.

165 ROGER REISCH: »Eine Offensive des Humanismus«, in: *Junge Welt*, 4.1.1990.

166 »Wer schützt uns vor Nazis?«, in: *Junge Welt*, 4.1.1990. Im *Neuen Deutschland* vom 4. Januar 1990, S. 8, wird ausdrücklich bedauert, daß die Ehrenmalschänder noch unerkannt seien, weil die Ermittlungen erheblich erschwert würden, da im ehemaligen Amt für Nationale Sicherheit Erkenntnisse zu verfassungsfeindlichen Organisationen, die grenzüberschreitend wirkten (soll wohl heißen: aus Westdeutschland und West-Berlin), versiegelt lagerten, jedoch dringend für die Ermittlungen benötigt würden. (Überschrift des Artikels: »Ehrenmalschänder noch unbekannt – nationalsozialistische Plakate aus der BRD gefunden« a. a. O.)

167 »Aufruf zur Gründung einer Organisation der Antifaschisten der DDR«, in: *AntiFa*, H. 4/1990, S. 1. Die Gründung des »Bundes der Antifaschisten der DDR – antiFA« fand am 12. und 13.5.1990 in der ehemaligen FDJ-Hochschule am Bogensee statt. (Vgl. HANS-JOACHIM BLOCH: »Aspekte des Antifaschismuskampfes der orthodoxen Kommunisten«, in: BUNDESMINISTER DES INNERN (HRSG.): *Bedeutung und Funktion des Antifaschismus,* Bonn 1990, S. 51; die Angaben sind zum Teil überholt.)

168 MANFRED GERLACH: *Standortbestimmung* (hrsg. vom Sekretariat des Zentralvorstandes der Liberaldemokratischen Partei Deutschlands), (Ost)-Berlin 1989, S. 2 f. (Rede vom 19.9.1989: »40 Jahre DDR – historische Kontinuität und demokratische Erneuerung«).

169 Ebd., S. 12 f. (Rede vom 13.9.1989: »Carl von Ossietzky – Demokrat, Märtyrer, Mahner«)

170 SCHNEIDER, *Demontagebuch,* a. a. O., S. 13.

171 Fotokopie des Flugblattes des Demokratischen Aufbruchs (»Flugblatt für die Demokratie«), Oktober 1989.

172 ROLF SCHNEIDER: »Tricks und nette Leute«, in: *Der Spiegel*, 8.1.1990, S. 26.
173 Im *Neuen Deutschland* vom 23. August 1990 (»Fünf-Prozent-Klausel war nicht zu verhindern«) wird gegen einen Angriff seitens der DSU in der Volkskammer argumentiert, in dem die SED mit dem Nationalsozialismus verglichen wurde. Gregor Gysi habe sich dagegen gewendet, weil die Opfer des Faschismus damit verhöhnt würden. Es gehe offenbar darum, die PDS zu kriminalisieren.
174 WALTER JANKA: *Schwierigkeiten mit der Wahrheit,* Reinbek bei Hamburg 1989.
175 HANS COPPI: »Abschied und Neubeginn. Schwierigkeiten mit dem Antifaschismus in der DDR«, in: *Studien von Zeitfragen*, H. 3/1990, S. 15 f.
176 FRANK FIEDLER: »Offener Brief an meinen Freund«, in: *AntiFa*, H. 3/1990, S. 1.
177 »Zur Problematik sozialistischer Perspektiven von Reformen in der DDR. Konferenzreader«, 1. DDR-weites Arbeitstreffen der Initiative Vereinigte Linke, 25./26.11.1989, S. 19. (Der Text stammt vom März 1989 und wurde im Dezember 1989 geringfügig überarbeitet.)
178 WOLFGANG SCHNEIDER: *Oktoberrevolution 1989.* DERS.: *Demontagebuch,* a. a. O., S. 5 und 7.
179 MANFRED WILKE: »Statt der Arbeiterklasse die sozialen Bewegungen. Die ›Partei des Demokratischen Sozialismus (PDS)‹ und ihre Ziele«, in: *FAZ*, 30.10.1990, S. 14. Ferner: »Aufruf zur Gründung der West-Berliner PDS«, in: *FAZ*, 4.7.1990.
180 ECKHARD FUHR: »Deutschtümelei«, in: *FAZ*, 10.10.1990.
181 ARNO KLÖNNE: »Rechtsextremismus – kein Thema mehr«, in: *Ideen,* 1/1990, S. 12.

182 RALPH GIORDANO: *Die zweite Schuld oder Von der Last, Deutscher zu sein*, Hamburg 1991, S. 227 f. Die These vom verordneten Antifaschismus wird auch von WILFRIED SCHUBARTH U.A.: »Verordneter Antifaschismus und die Folgen. Das Dilemma antifaschistischer Erziehung am Ende der DDR«, in: *Aus Politik und Zeitgeschichte*, 9/1991, 22.2.1991, vertreten. Ein stark verkürzter Abdruck dieses Aufsatzes befindet sich unter dem Titel »Sieger der Geschichte. Verordneter Antifaschismus und die Folgen« in: KARL-HEINZ HEINEMANN, WILFRIED SCHUBARTH (HRSG.): *Der antifaschistische Staat entläßt seine Kinder. Jugend und Rechtsextremismus in Ostdeutschland*, Köln 1992, S. 12–28.
183 KLÖNNE, Rechtsextremismus, a. a. O., S. 13.
184 FRIEDER O. WOLF: »Projekt Antifaschismus«, in: *Ideen*, 1/1990, S. 22.
185 Zur Geschichte der VVN siehe ANDREAS ZEHNTER: »Antifaschismus im politischen Tageskampf. Die Bedeutung der VVN – Bund der Antifaschisten für die kommunistische Bündnispolitik«, in: KNÜTTER: *Antifaschismus als Kampfmittel*, a. a. O., S. 24 ff.
186 P. C. WALTHER: »Alte Politik in neuen Schläuchen? Die Existenz der VVN bleibt gefährdet«, in: *Ideen*, 1/1990, S. 36 ff. *Ideen* war eine Zeitschrift »für antifaschistische und antirassistische Arbeit«. In der Redaktion arbeitete u. a. Kurt Faller mit, der führende Positionen in der VVN Westdeutschlands bekleidet hatte.
187 »Antifaschismus und Stalinismus«, in: *AntiFa*, Nr. 7/1990, S. 5.
188 »Militanter Antifaschismus im Aufwind«, in: *Innere Sicherheit*, Nr. 1, 28.2.1992.
189 *Verfassungsschutzbericht 1990*, S. 42.
190 *Antifaschistisches Jugendinfo Bonn/Rhein-Sieg*, Frühjahr 1992, S. 6.
191 Ebd., S. 15.

192 Militanter Antifaschismus im Aufwind, a. a. O.
193 DIETER BETZ: »Der Staat macht mobil gegen AntifaschistInnen«, in: *Neues Deutschland*, 10.7.1992.
194 BERNHARD RABERT: »Terrorismus und Antifaschismus. Der Mißbrauch des Faschismusvorwurfs durch die deutschen Linksterroristen 1970–1986«, in: KNÜTTER, *Antifaschismus*, a. a. O., S. 77–115.
195 Zitiert nach: *Deutscher Informationsdienst (did)*, Nr. 1712, Oktober 1990, S. 4 ff.
196 Zitiert nach: *Antifa-Info*, Nr. 18, Mai/Juni 1992, S. 24 ff. In dem Artikel »Der Feind steht immer links« versucht die Antifa-Jugendfront (AJF) ihr Vorgehen zu rechtfertigen und bezeichnet die Berichterstattung über antifaschistische Gewaltaktionen der »bürgerlichen Zeitungen« als Hetzberichte zur Kriminalisierung der autonomen Antifa. Der interne Bericht des LfV-Berlin wird ebenfalls zitiert und ist der AJF angeblich zugespielt worden.

5. Gegenwart und Zukunft

197 WOLF CALEBOW: *Auf dem Weg zur Normalisierung. 15 Jahre Dialog mit amerikanischen Juden*, Berlin 1999.
198 Ebd. S. 84 f.
199 ROLAND ROTH: *Bürgernetzwerke gegen Rechts. Evaluierung von Aktionsprogrammen und Maßnahmen gegen Rechtsextremismus und Fremdenfeindlichkeit*, Bonn 2003, S. 25.
200 Ebd., S. 23.
201 HANS-HELMUTH KNÜTTER: *Antifaschismus. Der geistige Bürgerkrieg*, Hamburg 2010, S. 25.
202 ABUSCH: *Irrweg*, a. a. O., S. 257.
203 Ebd., S. 267.
204 Ebd., S. 268.

205 Ebd., S. 270.
206 Ebd., S. 271.
207 »Der restaurative Charakter der Epoche«, in: *Frankfurter Hefte*, 5/1950, S. 942–954.
208 Ebd., S. 952
209 FRITZ RENÉ ALLEMANN: *Bonn ist nicht Weimar*, Köln 1956.
210 GERHARD A. RITTER: *Über Deutschland. Die Bundesrepublik in der deutschen Geschichte,* München 1998, S. 13–15.
211 Der Text der Rede ist als PDF-Dokument abrufbar bei der Konrad-Adenauer-Stiftung: www.kas.de/wf/doc/kas_6302-544-1-30.pdf?050922185334
212 Anonymes Flugblatt vom 23.5.1993 in Bonn.

Karlheinz Weißmann

Kurze Geschichte der konservativen Intelligenz nach 1945

Berliner Schriften zur Ideologienkunde 1

120 S., broschiert, 15 €
ISBN 978-3-939869-61-0

Bei diesem Buch handelt es sich um die wesentlich erweiterte und um einen Apparat ergänzte Fassung einer Artikelserie, die Karlheinz Weißmann im Winter 2010/11 in der Wochenzeitung *Junge Freiheit* veröffentlicht hat. Anlaß der Niederschrift war die Einsicht, daß es weder innerhalb noch außerhalb des konservativen Lagers hinreichende Klarheit über die Geschichte der Konservativen in der Nachkriegszeit gibt, daß vor allem unbekannt ist, wie weitgespannt das Meinungsspektrum ursprünglich war und welche bedeutenden, allgemein anerkannten Denker den deutschen Konservatismus nach 1945 mitgeprägt haben. Mit diesem Buch schließt Weißmann diese Lücke.

INSTITUT FÜR STAATSPOLITIK
Rittergut Schnellroda · 06268 Steigra
ePost: institut@staatspolitik.de
www.staatspolitik.de

Andreas Vonderach

Sozialbiologie.
Geschichte und Ergebnisse

Berliner Schriften zur Ideologienkunde 2

224 S., broschiert, 15 €
ISBN 978-3-939869-62-7

2. Auflage

Das Buch bietet eine umfassende und zugleich konzentrierte Darstellung aller für die Sozialwissenschaften relevanten Gebiete der biologischen Anthropologie, ohne einem biologischen Determinismus zu verfallen. Es gibt einen historischen Überblick über die Entwicklung der Sozialbiologie und vermittelt zugleich einen Zugang zu dem heutigen sozialbiologischen Wissensstand. Die Sozialbiologie umfaßt dabei nicht nur die klassische Sozialanthropologie und die Eugenik, sondern auch die Verhaltensforschung, die Soziobiologie und die moderne Verhaltensgenetik.

INSTITUT FÜR STAATSPOLITIK
Rittergut Schnellroda · 06268 Steigra
ePost: institut@staatspolitik.de
www.staatspolitik.de

Karlheinz Weißmann (Hrsg.)

Die Konservative Revolution in Europa

Berliner Schriften zur Ideologienkunde 3

248 S., broschiert, 15 €
ISBN 978-3-939869-63-4

Die Konservative Revolution gilt gemeinhin als ein spezifisch deutsches Phänomen. Andererseits hat schon Armin Mohler in seiner grundlegenden Arbeit zum Thema darauf hingewiesen, daß es nicht nur eine europäische, sondern auch eine universale Dimension der konservativ-revolutionären Strömung gebe. Tatsächlich entdeckt man bei genauerer Betrachtung eine lange Reihe von Persönlichkeiten, die seit dem Ende des 19. Jahrhunderts Ideen vertraten, die man als »jungkonservativ«, »völkisch« oder »nationalrevolutionär« bezeichnen könnte, und es gab auch Bewegungen, die bestimmte »bündische« Züge aufwiesen oder Ähnlichkeit mit dem Landvolk hatten.

INSTITUT FÜR STAATSPOLITIK
Rittergut Schnellroda · 06268 Steigra
ePost: institut@staatspolitik.de
www.staatspolitik.de

Georg Quabbe

Das letzte Reich.
Wesen und Wandel der Utopie

Berliner Schriften zur Ideologienkunde 4

192 S., broschiert, 15 €
ISBN 978-3-939869-64-1

Utopien werden nur deshalb nicht mehr geschrieben und nicht mehr gelesen, weil die Utopie heute die Maske der großen Politik angelegt hat. Wenn ein Held durch die Welt zieht, sehnt sich niemand nach einem Heldengedicht, und die Kriegsromane verschwinden, wenn der große Würger selbst in die Trompete stößt. Wer möchte heut noch träumen und planen, wo vor aller Augen das krönende Werk im Gange ist? Haben wir nicht Sichel und Hammer und die Ruten des Liktors? Pocht nicht schon die Erfüllung an das Tor der Welt?

INSTITUT FÜR STAATSPOLITIK
Rittergut Schnellroda · 06268 Steigra
ePost: institut@staatspolitik.de
www.staatspolitik.de

Günter Scholdt

Die große Autorenschlacht.
Weimars Literaten streiten über den Ersten Weltkrieg

Berliner Schriften zur Ideologienkunde 5

288 S., broschiert, 15 €
ISBN 978-3-939869-65-8

Der vorliegende Band analysiert einen seit November 1918 tobenden Meinungskrieg zwischen deutschsprachigen Schriftstellern über das soeben beendete blutige Geschehen. Nach gängiger Feuilletonsicht stritten dabei weltbürgerliche Pazifisten mit militanten nationalistischen Reaktionären. Der eigentliche Konfliktkern sah allerdings anders aus und verbietet vorschnelle Moralurteile. Es handelt sich um ein bedeutsames Kapitel der deutschen Katastrophe respektive Tragödie mit Auswirkungen bis heute. Denn jenseits des verdienstvollen Engagements vieler Schriftsteller für den Frieden ist die Kontroverse Teil einer hundertjährigen geschichtspolitischen Disziplinierung als erste Phase unserer »Vergangenheitsbewältigung«.

INSTITUT FÜR STAATSPOLITIK

Rittergut Schnellroda · 06268 Steigra
ePost: institut@staatspolitik.de
www.staatspolitik.de